U0152529

甲申三百年祭

纪念集

郭沫若 等 著

华东师范大学出版社

图书在版编目（CIP）数据

甲申三百年祭：纪念集 /郭沫若等著 . 一上海：
华东师范大学出版社，2023
ISBN 978 - 7 - 5760 - 3857 - 6

Ⅰ.①甲…　Ⅱ.①郭…　Ⅲ.①史评 – 中国 – 明代②李
自成起义 – 研究　Ⅳ.①K248.07②K248.301

中国国家版本馆 CIP 数据核字（2023）第 087201 号

甲申三百年祭（纪念集）

著　　者　郭沫若等
责任编辑　乔　健
责任校对　李琳琳
装帧设计　吕彦秋

出版发行　华东师范大学出版社
社　　址　上海市中山北路 3663 号　邮编 200062
网　　址　www. ecnupress. com. cn
电　　话　021 – 60821666　行政传真　021 – 62572105
客服电话　021 – 62865537
门市（邮购）电话　021 – 62869887
地　　址　上海市中山北路 3663 号华东师范大学校内先锋路口
网　　店　http: //hdsdcbs. tmall. com

印 刷 者　三河市中晟雅豪印务有限公司
开　　本　710 × 1000　16 开
印　　张　7
字　　数　111 千字
版　　次　2024 年 1 月第 1 版
印　　次　2024 年 1 月第 1 次印刷
书　　号　ISBN 978 – 7 – 5760 – 3857 – 6
定　　价　29. 80 元

出 版 人　王　焰

目　录

甲申三百年祭

郭沫若

　　甲申轮到它的第五个周期，今年是明朝灭亡的第三百周年纪念了。

　　明朝的灭亡认真说并不好就规定在三百年前的甲申。甲申三月十九日崇祯死难之后，还有南京的弘光，福州的隆武，肇庆的永历，直至前清康熙元年（一六六二）永历帝为清吏所杀，还经历了一十八年。台湾的抗清，三藩的反正，姑且不算在里面。但在一般史家的习惯上是把甲申年认为是明亡之年的，这倒也是无可无不可的事情。因为要限于明室来说吧，事实上它久已失掉民心，不等到甲申年，早就是仅存形式的了。要就中国来说吧，就在清朝统治的二百六十年间一直都没有亡，抗清的民族解放斗争一直都是没有停止过的。

　　然而甲申年总不失为一个值得纪念的历史年。规模宏大而经历长久的农民革命，在这一年使明朝最专制的王权统治崩溃了，而由于种种的错误却不幸换来了清朝的入主，人民的血泪更潜流了二百六十余年。这无论怎样说也是值得我们回味的事。

　　在历代改朝换姓的时候，亡国的君主每每是被人责骂的。崇祯帝可要算是一个例外，他很博得后人的同情。就是李自成《登极诏》里面也说："君非甚暗，孤立而炀灶①恒多；臣尽行私，比党而公忠绝少。"不用说也就是"君非亡国之君，臣皆亡国之臣"的雅化了。其实崇祯这位皇帝倒是很有问题的。他仿佛是很想有为，然而他的办法始终是沿走着错误的路径。他在初即位的时候，曾经发挥了他的"当机独断"，除去了魏忠贤与客氏，是他最有光辉的时期。但一转眼间依赖宦官，对于军国大事的处理，枢要人物的升降，时常是朝四暮三，轻信妄断。十七年不能算是短促的岁月，但只看见他今天在削籍大臣，明天在大辟疆吏，弄得大家都手足无所措。对于老百姓呢？虽然屡次在下《罪己诏》，申说爱民，但都是口惠而实不至。《明史》批评他"性多疑而任察，好刚而尚气。任察则苛刻寡恩，尚气则急剧失措"（《流贼传》）。这个论断确是一点也不苛刻的。

自然崇祯的运气也实在太坏，承万历、天启之后做了皇帝，内部已腐败不堪，东北的边患又已经养成，而在这上面更加以年年岁岁差不多遍地都是旱灾、蝗灾。二年四月二十六日，有马懋才《备陈大饥疏》，把当时陕西的灾情叙述得甚为详细，就是现在读起来，都觉得有点令人不寒而栗：

> 臣乡延安府，自去岁一年无雨，草木枯焦。八九月间，民争采山间蓬草而食。其粒类糠皮，其味苦而涩。食之，仅可延以不死。至十月以后而蓬尽矣，则剥树皮而食。诸树惟榆皮差善，杂他树皮以为食，亦可稍缓其死。迨年终而树皮又尽矣，则又掘其山中石块而食。石性冷而味腥，少食辄饱，不数日则腹胀下坠而死。

> 民有不甘于食石而死者，始相聚为盗，而一二稍有积贮之民遂为所劫，而抢掠无遗矣……

> 最可悯者，如安塞城西有冀城之处，每日必弃一二婴儿于其中。有号泣者，有呼其父母者，有食其粪土者。至次晨，所弃之子已无一生，而又有弃子者矣。

> 更可异者，童稚辈及独行者，一出城外便无踪迹。后见门外之人，炊人骨以为薪，煮人肉以为食，始知前之人皆为其所食。而食人之人，亦不免数日后面目赤肿，内发燥热而死矣。于是死者枕藉，臭气熏天，县城外掘数坑，每坑可容数百人，用以掩其遗骸。臣来之时已满三坑有余，而数里以外不及掩者，又不知其几许矣……有司束于功令之严，不得不严为催科。仅存之遗黎，止有一逃耳。此处逃之于彼，彼处复逃之于此。转相逃则转相为盗，此盗之所以遍秦中也。

> 总秦地而言，庆阳、延安以北，饥荒至十分之极，而盗则稍次之；西

安、汉中以下，盗贼至十分之极，而饥荒则稍次之。

——《明季北略》卷五

这的确是很有历史价值的文献，很扼要地说明了明末的所谓"流寇"的起源，同隶延安府籍的李自成和张献忠就是在这样的情形之下先后起来了的。

饥荒诚然是严重，但也并不是没有方法救济。饥荒之极，流而为盗，可知在一方面有不甘饿死、铤而走险的人，而在另一方面也有不能饿死、足有海盗的物资积蓄者。假使政治是休明的，那么掊彼注此，损有余以补不足，尽可以用人力来和天灾抗衡，然而却是"有司束于功令之严，不得不严为催科"。这一句话已经足够说明：无论是饥荒或盗贼，事实上都是政治所促成的。

这层在崇祯帝自己也很明白，十年闰四月大旱，久祈不雨时的《罪己诏》上又说得多么地痛切呀：

……张官设吏，原为治国安民。今出仕专为身谋，居官有同贸易。催钱粮先比火耗，完正额又欲羡余。甚至已经蠲免，亦悖旨私征；才议缮修，（辄）乘机自润。或召买不给价值，或驿路诡名轿抬。或差派则卖富殊贫，或理谳则以直为枉。阿堵违心，则敲朴任意。囊橐既富，则奸慝可容。抚按之荐劾失真，要津之毁誉倒置。又如勋戚不知厌足，纵贪横于京畿。乡宦灭弃防维，肆侵凌于闾里。纳无赖为爪牙，受奸民之投献。不肖官吏，畏势而曲承。积恶衔蠹，生端而勾引。嗟此小民，谁能安枕！

——《明季北略》卷十三

这虽不是崇祯帝自己的手笔，但总是经过他认可后的文章，而且只有在他的名义下才敢于有这样的文章。文章的确是很好的。但对于当时政治的腐败认识得既已如此明了，为什么不加以彻底的改革呢？要说是没有人想出办法来吧，其实就在这下《罪己诏》的前一年（崇祯九年），早就有一位武生提出了一项相当合理的办法，然而却遭了大学士们的反对，便寝而不行了。《明季北略》卷十二载有《钱士升论李琎搜括之议》，便是这件事情：

四月，武生李琎奏致治在足国，请搜括臣宰助饷。大学士钱士升拟下之法司，不听。士升上言："比者借端幸进，实繁有徒。而李琎者乃倡为缙绅豪右报名输官，欲行手实籍没之法②。此皆衰世乱政，而敢陈于圣人之前，小人无忌惮一至于此！且所恶于富者兼并小民耳，郡邑之有富家，亦贫民衣食之源也。以兵荒之故归罪富家而籍没之，此秦始皇所不行于巴清③，汉武帝所不行于卜式④者也。此议一倡，亡命无赖之徒，相率而与富家为难，大乱自此始矣。"已而温体仁以上欲通言路，竟改拟。上仍切责士升，以密勿大臣，即欲要誉，放之已足，毋庸汲汲……

这位李琏，在《明亡述略》作为李琏，言"李琏者，江南武生也，上书请令江南富家报名助饷"，大学士钱士升加以驳斥。这位武生其实倒是很有政治的头脑，可惜他所上的"书"全文不可见，照钱士升的驳议看来，明显地他恨"富者兼并小民"，而"以兵荒之故归罪富家"。这见解倒是十分正确的，但当时一般的士大夫都左袒钱士升。钱受"切责"反而博得同情，如御史詹尔选为他抗辩，认为"辅臣不过偶因一事代天下请命"。他所代的"天下"岂不只是富家的天下，所请的"命"岂不只是富者的命吗？已经亡了国了，而撰述《明季北略》与《明亡述略》的人，依然也还是同情钱士升的。但也幸而有他们这一片同情，连带着使李武生的言论还能有这少许的保存，直到现在。

"搜括臣宰"的目的，在李武生的原书，或者不仅限于"助饷"吧。因为既言到兵与荒，则除足兵之外尚须救荒。灾民得救，兵食有着，"寇乱"决不会蔓延。结合明朝全力以对付外患，清朝入主的惨剧也决不会出现了。然而大学士驳斥，大皇帝搁置，小武生仅落得保全首领而已。看崇祯"切责士升"，浅识者或许会以为他很有志于采纳李武生的进言，但其实做皇帝的也不过采取的另一种"要誉"方式，"放之已足"而已。

崇祯帝，公平地评判起来，实在是一位十分"汲汲"的"要誉"专家。他是最爱下《罪己诏》的，也时时爱闹减膳、撤乐的玩艺。但当李自成离开北京的时候，却发现皇库扃钥如故，其"旧有镇库金积年不用者三千七百万锭，锭皆五百（十？）两，镌有永乐字"（《明季北略》卷二十）。皇家究竟不愧是最大的富家，这样大的积余，如能为天下富家先，施发出来助赈、助饷，尽可以少下两次《罪己诏》，少减两次御膳，少撤两次天乐，也不至于闹出悲剧来了。然而毕竟是叫文臣做文章容易，而叫皇库出钱困难，不容情的天灾却又好像有意开玩笑的一样，执拗地和"要誉"者调皮。

所谓"流寇"，是以旱灾为近因而发生的，在崇祯元二年间便已蹶起了。到李自成和张献忠执牛耳的时代，已经有了十年的历史。"流寇"都是铤而走险的饥民，这些没有受过训练的乌合之众，在初，当然抵不过官兵，就在奸淫掳掠、焚烧残杀的一点上比起当时的官兵来更是大有愧色的。十六年，当李、张已经势成燎原的时候，崇祯帝不时召对群臣，马世奇的《廷对》最有意思：

> 今闯、献并负滔天之逆，而治献易，治闯难。盖献，人之所畏；闯，人之所附。非附闯也，苦兵也。一苦于杨嗣昌之兵，而人不得守其城垒。再苦于宋一鹤之兵，而人不得有其家室。三苦于左良玉之兵，而人之居者、行者，俱不得安保其身命矣。贼知人心之所苦，特借"剿兵安民"为辞。一时愚民被欺，望风投降。而贼又为散财赈贫，发粟赈饥，以结其志。遂至视贼如归，人忘忠义。其实贼何能破各州县，各州县自甘心从贼耳。故目前胜着，须从收拾人心始。收拾人心，须从督抚镇将约束部位，令兵不虐民，民不苦兵始。

——《明季北略》卷十九

这也实在是一篇极有价值的历史文献，《明史·马世奇传》竟把它的要点删削了。当时的朝廷是在用兵剿寇，而当时的民间却是在望寇"剿兵"。在这剿的比赛上，起初寇是剿不过兵的，然而有一点占了绝对的优势，便是寇比兵多，事实上也就是民比兵多。在十年的经过当中，杀了不少的寇，但却增加了无数的寇。寇在比剿中也渐渐受到了训练，无论是在战略上或政略上。官家在征比搜括，寇家在散财发粟，战斗力也渐渐优劣易位了。到了十六年再来喊"收拾人心"，其实已经迟了，而迟到了这时，却依然没有从事"收拾"。

李自成的为人，在本质上和张献忠不大相同，就是官书的《明史》都称赞他"不好酒色，脱粟粗粝，与其下共甘苦"。看他的很能收揽民心，礼贤下士，而又能敢作敢为的那一贯作风，和刘邦、朱元璋辈起于草泽的英雄们比较起来，很有过之而无不及的气概。自然，也是艰难玉成了他。他在初发难的十几年间，只是高迎祥部下的一支别动队而已。时胜时败，连企图自杀都有过好几次。特别在崇祯十一二年间是他最危厄的时候。直到十三年，在他才来了一个转机，从此一帆风顺，便使他陷北京，覆明室，几乎完成了他的大顺朝的统治。

这一个转机也是由于大灾荒所促成的。

自成在十一年大败于梓潼之后，仅偕十八骑溃围而出，潜伏于商洛山中。在这时张献忠已投降于熊文灿的麾下。待到第二年张献忠回复旧态，自成赶到谷城（湖北西北境）去投奔他，险些遭了张的暗算，弄得一个人骑着骡子逃脱了。接着自成又被官兵围困在巴西鱼腹诸山中，逼得几乎上吊。但他依然从重围中轻骑逃出，经过郧县、均县等地方，逃入了河南。这已经是十三年的事。在这时河南继十年、十一年、十二年的蝗旱之后，又来一次蝗旱，闹到"人相食，草木俱尽，土寇并起"（《烈皇小识》）。但你要说真的没有米谷吗？假使是那样，那就没有"土寇"了。"土寇"之所以并起，是因为没有金钱去掉换高贵的米谷，而又不甘心饿死，便只得用生命去掉换而已。——"斛谷万钱，饥民从自成者数万"（《明史·李自成传》），就这样李自成便又死灰复燃了。

这儿是李自成势力上的一个转机，而在作风上也来了一个划时期的改变。十三年后的李自成与十三年前的不甚相同，与其他"流寇"首领们也大有悬异。上引马世奇的《廷对》，是绝好的证明。势力的转变固由于多数饥民之参加，而作风的转变在各种史籍上是认为由于一位"杞县举人李信"的参加。这个人在《李自成传》和其他的文献差不多都是以同情的态度被叙述着的，想来不必一定是因为他是读书人吧。同样的读书人跟着自成的很不少，然而却没有受到同样的同情。我现在且把《李自成传》上所附见的李信入伙的事迹摘录在下边。

> 杞县举人李信者，逆案中尚书李精白子也。尝出粟贩饥民，民德之。曰："李公子活我。"会绳伎红娘子反，掳信，强委身焉。信逃归。官以为贼，囚狱中。红娘子来救，饥民应之，共出信。
>
> 卢氏举人牛金星，磨勘被斥。私入自成军，为主谋。潜归，事泄，坐斩；已，得末减。

二人皆往投自成，自成大喜，改信名曰岩。金星又荐卜者宋献策，长三尺余。上谶记云："十八子主神器"，自成大悦。

岩因说曰："取天下以人心为本，请勿杀人，收天下心。"自成从之，屠戮为减。又散所掠财物赈饥民，民受饷者不辨岩、自成也。杂呼曰："李公子活我。"岩复造谣词曰："迎闯王，不纳粮"，使儿童歌以相煽。从自成者日众。

这节文字叙述在十三年与十四年之间，在《明史》的纂述者大约认为李、牛、宋之归自成是同在十三年。《明亡述略》的作者也同此见解，此书或许即为《明史》所本。

当是时（十三年）河南大旱，其饥民多从自成。举人李信、牛金星皆归焉。金星荐卜者宋献策陈图谶，言"十八子当主神器"。李信因说自成曰："取天下以人心为本，请勿杀人，收天下心。"自成大悦，为更名曰岩，甚信任之。

然而牛、宋的归自成其实是在十四年四月，《烈皇小识》和《明季北略》，叙述得较为详细。《烈皇小识》是这样叙述着的：

（十四年）四月……自成屯卢氏。卢氏举人牛金星迎降。又荐卜者宋献策，献策长不满三尺。见自成，首陈图谶云："十八孩儿兑上坐，当从陕西起兵以得天下。"⑤自成大喜，奉为军师。

《明季北略》叙述得更详细，卷十七《牛宋降自成》条下云：

辛巳（十四年）四月，河南卢氏县贡生牛金星，向有罪，当戍边。李岩荐其有计略，金星遂归自成。自成以女妻之，授以右相。或云："金星天启丁卯举人，与岩同年，故荐之。"金星引故知刘宗敏为将军，又荐术士宋献策。献策，河南永城人，善河洛数。初见自成，袖出一数进曰："十八孩儿当主神器。"自成大喜，拜军师。献策面狭而长，身不满三尺，其形如鬼，右足跛，出入以杖自扶。军中呼为宋孩儿。一云浙人，精于六壬奇门遁法，及图谶诸数学。自成信之如神。余如拔贡顾君恩等亦归自成，贼之羽翼益众矣。

牛、宋归自成之年月与《烈皇小识》所述同，宋出牛荐，牛出李荐，则李之入伙自当在宋之前。惟关于李岩入伙，《北略》叙在崇祯十年，未免为时过早。

李岩开封府杞县人。天启七年丁卯孝廉，有文武才。弟年，庠士。父某，进士。世称岩为"李公子"。家富而豪，好施尚义。

时频年旱饥，邑令宋某催科不息，百姓苦之。岩进白，劝宋暂休征比，设法赈给。宋令曰："杨阁部（按指兵部杨嗣昌）飞檄雨下，若不征比，将何以应？至于赈济饥民，本县钱粮匮乏，止有分派富户耳。"岩退，捐米二百余石。无赖子闻之，遂纠众数十人哗于富室，引李公子为例。不从，辄焚掠。有力者白宋令出示禁戢。宋方不悦岩，即发牒传谕："速速解散，各图生理，不许借名求赈，恃众要挟。如违，即系乱民，严拿究罪。"饥民击碎令牌，群集署前，大呼曰："吾辈终须饿死，不如共掠。"

宋令急邀岩议。岩曰："速谕暂免征催，并劝富室出米，减价官粜，则犹可及止也。"宋从之。众曰："吾等姑去，如无米，当再至耳。"宋闻之而惧，谓岩发粟市恩，以致众叛，倘异日复至，其奈之何？遂申报按察司云："举人李岩谋为不轨，私散家财，买众心以图大举。打差辱官，不容比较。恐滋蔓难图，祸生不测，乞申抚按，以戢奸究，以靖地方。"按察司据县申文抚按，即批宋密拿李岩监禁，毋得轻纵。宋遂拘李岩下狱。

百姓共怒曰："为我而累李公子，忍乎？"群赴县杀宋，劫岩出狱。重犯具释，仓库一空。岩谓众曰："汝等救我，诚为厚意。然事甚大，罪在不赦。不如归李闯王，可以免祸而致富贵。"众从之。岩遣弟年率家先行，随一炬而去。城中止余衙役数十人及居民二三百而已。

岩走自成，即劝假行仁义，禁兵淫杀，收人心以图大事。自成深然之。岩复荐同年牛金星，归者甚众，自成兵势益强。岩遣党伪为商贾，广布流言，称自成仁义之师，不杀不掠，又不纳粮。愚民信之，惟恐自成不至，望风思降矣。

予幼时闻贼信急，咸云："李公子乱"，而不知有李自成。及自成入京，世犹疑即李公子，而不知李公子乃李岩也。故详志之。

这是卷十三《李岩归自成》条下所述，凡第十三卷所述均崇祯十年事，在作者的计六奇自以李岩之归自成是在这一年了。但既言"频年旱饥"，与十年情事不相合。宋令所称"杨阁部飞檄雨下"亦当在杨嗣昌于十二年十月"督师讨贼"以后。至其卷二十三《李岩作劝赈歌》条下云：

李岩劝县令出谕停征；崇祯八年七月初四日事。又作《劝赈歌》，各家劝勉赈济，歌曰：

"年来蝗旱苦频仍，嚼啮禾苗岁不登。米价升腾增数倍，黎民处处不聊生。草根木叶权充腹，儿女呱呱相向哭。釜甑尘飞炊烟绝，数日难求一餐粥。官府征粮纵虎差，豪家索债如狼豺。可怜残喘存呼吸，魂魄先归泉壤埋。骷髅遍地积如山，业重难过饥饿关。能不教人数行泪，泪洒还成点血斑？奉劝富家同赈济，太仓一粒恩无既。枯骨重教得再生，好生一念感天地。天地无私佑善人，善人德厚福长臻。助贫救乏功勋大，德厚流光裕子孙。"

看这开首一句"年来蝗旱苦频仍"，便已经充分地表现了作品的年代。河南蝗旱始于十年，接着十一年、十二年、十三年均蝗旱并发。八年以前，河南并无蝗旱的记载。因此所谓"崇祯八年"断然是错误，据我揣想，大约是"庚辰年"的蠹蚀坏字，由抄者以意补成的吧。劝宋令劝赈既在庚辰年七月初四，入狱自在其后，被红娘子和饥民的劫救，更进而与自成合伙，自当得在十月左右了。同书卷十六《李自成败而复振》条下云："庚辰（十三年）……十二月自成攻永宁陷之。杀万安王朱铉（应为朱采铉），连破四十八寨，遂陷宜阳，众至数十万。李岩为之谋主。贼每剽掠所获，散济饥民，故所至咸附之，势益盛。"在十三年底，李岩在做自成的谋主，这倒是可能的事。

李岩无疑早就是同情于"流寇"的人，我们单从这《劝赈歌》里面便可以看出他的思想倾向。首先值得注意的是他说到"官府征粮纵虎差，豪家索债如狼豺"，而却没有说到当时的"寇贼"怎样怎样。他这歌是拿去"各家劝勉"的。受了骂的那些官府豪家的虎豹豺狼，一定是忍受不了。宋令要申报他"图谋不轨"，一定也是曾经把这歌拿去做了供状的。

红娘子的一段插话最为动人，但可惜除《明史》以外目前尚无考见。最近得见一种《剿闯小史》，是乾隆年间的抄本，不久将由说文社印行⑥。那是一种演义式的小说，共十卷，一开始便写《李公子民变聚众》，最后是写到《吴平西孤忠受封拜》为止的。作者对于李岩也颇表同情，所叙事迹和《明季北略》相近，有些地方据我看来还是《北略》抄袭了它。《小史》本系稗官小说，不一定全据事实，但如红娘子的故事是极好的小说材料，而《小史》中也没有提到。《明史》自必确有根据，可惜目前书少，无从查考出别的资料。

其次乾隆年间董恒岩所写的《芝龛记》，以秦良玉和沈云英为主人翁的院本，其中的第四十出《私奔》⑦也处理着李、牛奔自成的故事。这位作者却未免太忍心了，竟把李岩作为丑角，红娘子作为彩旦，李岩的"出粟赈饥"，被解释为"勉作散财之举，聊博好义之名"。正史所不敢加以诬蔑的事，由私家的曲笔，歪解得不成名器了。且作者所据也只是《李自成传》，把牛、李入伙写在一起。又写牛金星携女同逃，此女后为李自成妻，更是完全胡诌。牛金星归自成时，有他儿子生员牛诠同行，倒是事实，可见作者是连《甲申传信录》都没有参考过的。至《北略》所言自成以女妻金星，亦不可信。盖自成当时年仅三十四岁，应该比金星还要年轻，以女妻牛诠，倒有可能。

李岩本人虽然有"好施尚义"的性格，但他并不甘心造反，倒也是同样明了的事实。你看，红娘子那样爱他，"强委身焉"了，而他终竟脱逃了，不是他在初还不肯甘心放下他举人公子的身份的证据吗？他在指斥官吏，责骂豪家，要求县令暂停征比，开仓赈饥，比起上述的江南武生李琏上书搜括助饷的主张要温和得多。崇祯御宇已经十三年了，天天都说在励精图治，而征比勒索仍然加在小民身上，竟有那样糊涂的县令，那样糊涂的巡按，袒庇豪家，把一位认真在"公忠体国"的好人和无数残喘仅存的饥民都逼成了"匪贼"。这还不够说明崇祯究竟是怎样励精图治的吗？这不过是整个明末社会的一个局部的反映而已。明朝统治之当得颠覆，崇祯帝实在不能说毫无责任。

但李岩终竟被逼上了梁山。有了他的入伙，明末的农民革命运动才走上了正轨。这儿是有历史的必然性。因为既有大批饥饿农民参加了，作风自然不能不改变，但也有点所谓云龙风虎的作用在里面，是不能否认的。当时的"流寇"领袖并不只自成一人，李岩不投奔张献忠、罗汝才之流，而却归服自成，倒不一定如《剿闯小史》托辞于李岩所说的"今闯王强盛，现在本省邻府"的原故。《北略》卷二十三叙有一段《李岩归自成》时的对话，虽然有点像旧戏中的科白，想亦不尽子虚。

> 岩初见自成，自成礼之。
>
> 岩曰："久钦帐下宏猷，岩恨谒见之晚。"
>
> 自成曰："草莽无知，自惭菲德，乃承不远千里而至，益增孤陋兢惕之衷。"
>
> 岩曰："将军恩德在人，莫不欣然鼓舞。是以谨率众数千，愿效前驱。"
>
> 自成曰："足下龙虎鸿韬，英雄伟略，必能与孤共图义举，创业开基者也。"
>
> 遂相得甚欢。

二李相见，写得大有英雄识英雄，惺惺惜惺惺之概。虽然在辞句间一定不免加了些粉饰，而两人都有知人之明，在岩要算是明珠并非暗投，在自成却真乃如鱼得水，倒也并非违背事实。在李岩入伙之后，接着便有牛金星、宋献策、刘宗敏、顾君恩等的参加，这几位都是闯王部下的要角。从此设官分治，守土不流，气象便迥然不同了。全部策划自不会都出于李岩，但，李岩总不失为一个触媒，一个引线，一个黄金台上的郭隗吧。《北略》卷二十三记《李岩劝自成假行仁义》，比《明史》及其他更为详细。

> 自成既定伪官，即令谷大成、祖有光等率众十万攻取河南。
>
> 李岩进曰："欲图大事，必先尊贤礼士，除暴恤民。今虽朝廷失政，然先世恩泽在民已久，近缘岁饥赋重，官贪吏猾，是以百姓如陷汤火，所在思乱。我等欲收民心，须托仁义。扬言大兵到处，开门纳降者秋毫无犯。在任好官，仍前任事。若酷虐人民者，即行斩首。一应钱粮，比原额只征一半，则百姓自乐归矣。"

自成悉从之。

岩密遣党作商贾，四出传言："闯王仁义之师，不杀不掠。"又编口号使小儿歌曰："吃他娘，穿他娘，开了大门迎闯王。闯王来时不纳粮。"

又云："朝求升，暮求合，近来贫汉难求活。早早开门拜闯王，管教大小都欢悦。"

时比年饥旱，官府复严刑厚敛。一闻童谣，咸望李公子至矣……其父精白尚书也，故人呼岩为"李公子"。

巡抚尚书李精白，其名见《明史·崔呈秀传》，乃崇祯初年所定逆案中"交结近侍，又次等论，徒三年，输赎为民者"一百二十九人中之一。他和客、魏"交结"的详细情形不明。明末门户之见甚深，而崇祯自己也就是自立门户的好手。除去客、魏和他们的心腹爪牙固然是应该的，但政治不从根本上去澄清，一定要罗致内外臣工数百人而尽纳诸"逆"中，而自己却仍然倚仗近侍，分明是不合道理的事。而李岩在《芝龛记》中即因父属"逆案"乃更蒙曲笔，这诛戮可谓罪及九族了。

李岩既与自成合伙，可注意的是：他虽然是举人，而所任的却是武职。他被任为"制将军"。史家说他"有文武才"，倒似乎确是事实。他究竟立过些什么军功，打过些什么得意的硬战，史籍上没有记载。但他对于宣传工作做得特别高妙，把军事与人民打成了一片，却是有笔共书的。自十三年以后至自成入北京，三四年间虽然也有过几次大战，如围开封、破潼关几役，但大抵都是"所至风靡"。可知李岩的收揽民意，瓦解官兵的宣传，千真万确地是收了很大的效果。

不过另外有一件事情也值得注意，便是李岩在牛金星加入了以后似乎已不被十分重视。牛本李岩所荐引，被拜为"天祐阁大学士"，官居丞相之职，金星所荐引的宋献策被倚为"开国大军师"，又所荐引的刘宗敏任一品的权将军，而李岩的制将军，只是二品。（此品秩系据《北略》，《甲申传信录》则谓"二品为副权将军，三品为制将军，四品为果毅将军"云云。）看这待遇显然是有亲有疏的。

关于刘宗敏的来历有种种说法，据上引《北略》认为是牛金星的"故知"，他的加入是由牛金星的引荐，并以为山西人（见卷二十三《宋献策及众贼归自成》条下）。《甲申传信录》则谓"攻荆楚，得伪将刘宗敏"（见《疆场裹革李闯纠众》条下）。而《明史·李自成传》却以为："刘宗敏者蓝田锻工也"，其归附在牛、李之前。自成被围于巴西鱼腹山中时，二人曾共患难，竟至杀妻相从。但《明史》恐怕是错误了的。《北略》卷五《李自成起》条下引：

> 一云：自成多力善射，少与衙卒李固，铁冶刘敏政结好，暴于乡里。后随众作贼，其兵尝云：我王原是个打铁的。

以刘宗敏为锻工，恐怕就是由于有这位"铁冶刘敏政"而致误（假如《北略》不是讹字）。因为姓既相同，名同一字，是很容易引起误会的。

刘宗敏是自成部下的第一员骁将，位阶既崇，兵权最重，由入京以后事迹看来，自成对于他的依赖是不亚于牛金星的。文臣以牛金星为首，武臣以刘宗敏为首，他们可以说是自成的左右二膀。但终竟误了大事的，主要的也就是这两位巨头。

自成善骑射，既百发百中，他自己在十多年的实地经验中也获得了相当优秀的战术。《明史》称赞他"善攻"，当然不会是阿谀了。他的军法也很严。例如："军令不得藏白金，过城邑不得室处，妻子外不得携他妇人，寝兴悉用单布幕绵……军止，即出校骑射。日站队，夜四鼓蓐食以听令。"甚至"马腾入田苗者斩之"（《明史·李自成传》）。真可以说是极端的纪律之师。别的书上也说："军令有犯淫劫者立时枭磔，或割掌，或割势"（《甲申传信录》），严格的程度的确是很可观的。自成自己更很能够身体力行。他不好色，不饮酒，不贪财利，而且十分朴素。当他进北京的时候，是"毡笠缥衣，乘乌驳马"（《本传》）；在京殿上朝见百官的时候，"戴尖顶白毡帽，蓝布上马衣，蹑韝靴"（《北略》卷二十）。他亲自领兵去抵御吴三桂和满洲兵的时候，是"绒帽蓝布箭衣"（《甲申传信录》）；而在他已经称帝，退出北京的时候，"仍穿箭衣，但多一黄盖"（《北略》）。这虽然仅是四十天以内的事，而是天翻地覆的四十天。客观上的变化尽管是怎样剧烈，而他的服装却丝毫也没有变化。史称他"与其下共甘苦"，可见也并不是不实在的情形。最有趣的当他在崇祯九年还没有十分得势的时候，"西掠米脂，呼知县边大绶曰：'此吾故乡也，勿虐我父老。'遗之金，令修文庙"（《李自成传》）。十六年占领了西安，他自己还是"每三日亲赴教场校射"（同上）。这作风也实在非同小可。他之所以能够得到民心，得到不少的人才归附，可见也绝不是偶然的了。

在这样的人物和作风之下，势力自然会日见增加，而实现到天下无敌的地步。在十四、十五两年间把河南、湖北几乎全部收入掌中之后，自成听从了顾君恩的划策，进窥关中，终于在十六年十月攻破潼关，使孙传庭阵亡了。转瞬之间，全陕披靡。十七年二月出兵山西，不到两个月便打到北京，没三天工夫便把北京城打下了。这军事，真如有摧枯拉朽的急风暴雨的力量。自然，假如从整个的运动历史来看，经历了十六七年才达到这最后的阶段，要说难也未尝不是难。但在达到这最后阶段的突变上，有类于河堤决裂，系由积年累月的浸渐而溃进，要说容易也实在显得太容易了。在过短的时期之内获得了过大的成功，这却使自成以下如牛金星、刘宗敏之流，似乎都沉沦进了过分的陶醉里去了。进了北京以后，自成便进了皇宫。丞相牛金星所忙的是筹备登极大典，招揽门生，开科选举。将军刘宗敏所忙的是拶夹降官，搜括赃款，严刑杀人。纷纷然，昏昏然，大家都像以为天下就已经太平了的一样。近在肘腋的关外大敌，他们似乎全不在意。山海关仅仅派了几千兵去镇守，而几十万的士兵却屯积在京城里面享乐。尽管平时的军令是怎样严，在大家都陶醉了的时候，竟弄得刘将军"杀人无虚日，大抵兵丁掠抢民财者也"（《甲申传信录》）了。而且把吴三桂的父亲吴襄绑了来，追求三桂的爱姬陈圆圆，"不得，拷掠酷甚"（《北略》卷二十《吴三桂请兵始末》）；虽然得到了陈圆圆，而终于把吴三桂逼反了的，却也就是这位刘将军。这关系实在是并非浅鲜。

在过分的胜利陶醉当中，但也有一二位清醒的人，而李岩便是这其中的一个。《剿闯小史》是比较同情李岩的，对于李岩的动静时有叙述。"贼将二十余人皆领兵在京，横行惨虐。惟制将军李岩、弘将军李牟兄弟二人，不喜声色。部下兵马三千，俱屯扎城外，只带家丁三四十名跟随，并不在外生事。百姓受他贼害者，闻其公明，往赴禀，颇为申究。凡贼兵闻李将军名，便稍收敛。岩每出私行，即访问民间情弊，如遇冤屈必予安抚。每劝闯贼申禁将士，宽恤民力，以收人心。闯贼毫不介意。"

这所述的大概也是事实吧。最要紧的是他曾谏自成四事,《小史》叙述到,《北略》也有记载,内容大抵相同,兹录从《北略》。

> 制将军李岩上疏谏贼四事,其略曰:
>
> 一、扫清大内后,请主上退居公厂。俟工政府修葺洒扫,礼政府择日率百官迎请(进)大内。次议登极大礼,选定吉期,先命礼政府定仪制,颁示群臣演礼。
>
> 二、文官追赃,除死难归降外,宜分三等。有贪污者发刑官严追,尽产入官。抗命不降者,刑官追赃既完,仍定其罪。其清廉者免刑,听其自输助饷。
>
> 三、各营兵马仍令退居城外守寨,听候调遣出征。今主上方登大宝,愿以尧舜之仁自爱其身,即以尧舜之德爱及天下。京师百姓熙熙皞皞,方成帝王之治。一切军兵不宜借住民房,恐失民望。
>
> 四、吴镇(原作“各镇”,据《小史》改,下同)兴兵复仇,边报甚急。国不可一日无君,今择吉已定,官民仰望登极,若大旱之望云霓。主上不必兴师,但遣官招抚吴镇,许以侯封吴镇父子,仍以大国封明太子,令其奉祀宗庙,俾世世朝贡与国同休,则一统之基可成,而干戈之乱可息矣。
>
> 自成见疏,不甚喜,既批疏后“知道了”,并不行。

后两项似乎特别重要:一是严肃军纪的问题,一是用政略解决吴三桂的问题。他上书的旨趣似乎是针对着刘宗敏的态度而说。刘非刑官,而他的追赃也有些不分青红皂白,虽然为整顿军纪——“杀人无虚日”,而军纪已失掉了平常的秩序。特别是他绑吴襄而追求陈圆圆,拷掠酷甚的章法,实在是太不通政略了。后来失败的大漏洞也就发生在这儿,足见李岩的见识究竟是有些过人的地方的。

《剿闯小史》还载有李岩入京后的几段逸事,具体地表现他的和牛、刘辈的作风确实是有些不同。第一件是他保护懿安太后的事。

> 张太后,河南人。闻先帝已崩,将自缢,贼众已入。伪将军李岩亦河南人,入宫见之,知是太后,戒众不得侵犯。随差贼兵同老宫人以肩舆送

归其母家。至是，又缢死。

这张太后据《明史·后传》，是河南祥符县人，她是天启帝的皇后，崇祯帝的皇嫂，所谓懿安后或懿安皇后的便是。她具有"严正"的性格，与魏忠贤和客氏对立，崇祯得承大统也是出于她的力量。此外贺宿有《懿安后事略》，又纪昀有《明懿安皇后外传》。目前手中无书，无从引证。

第二件是派兵护卫刘理顺的事：

> 中允刘理顺，贼差令箭传觅，闭门不应，具酒题诗。妻妾阖门殉节。少顷，贼兵持令箭至，数十人踵其门。曰："此吾河南杞县绅也，居乡极善，里人无不沐其德者。奉李公子将令正来护卫，以报厚德。不料早已全家尽节矣。"乃下马罗拜，痛哭而去。

《北略》有《刘理顺传》载其生平事迹甚详，晚年中状元（崇祯七年），死时年六十三岁。亦载李岩派兵护卫事，《明史·刘理顺传》（《列传》一五四）则仅言"群盗多中州人，入唁曰：'此吾乡杞县刘状元也，居乡厚德，何遽死！'罗拜号泣而去"。李岩护卫的一节却被抹杀了。这正是所谓"史笔"，假使让"盗"或"贼"附骥尾而名益显的时候，岂不糟糕！

第三是一件打抱不平的事：

> 河南有恩生官周某，与同乡范孝廉儿女姻家。孝廉以癸未下第，在京候选，日久资斧罄然。值贼兵攻城，米珠薪桂，孝廉郁郁成疾。及城陷驾崩，闻姻家周某以宝物贿王旗鼓求选伪职，孝廉遂愤闷而死。其子以穷不能殡殓，泣告于岳翁周某。某呵叱之，且悔其亲事。贼将制将军李岩缉知，缚周某于营房，拷打三日而死。

这样的事是不会上正史的，然毫无疑问绝不会是虚构。看来李岩也是在"拷打"人，但他所"拷打"的是为富不仁的人，而且不是以敛钱为目的。

他和军师宋献策的见解比较要接近些。《小史》有一段宋、李两人品评明政和佛教的话极有意思，足以考见他们两人的思想。同样的话亦为《北略》所收录，但文字多夺佚，不及《小史》完整。今从《小史》摘录：

伪军师宋矮子同制将军李岩私步长安门外，见先帝柩前有二僧人在旁诵经，我明旧臣选伪职者皆锦衣跨马，呵道经过。

岩谓宋曰："何以纱帽反不如和尚？"

宋曰："彼等纱帽原是陋品，非和尚之品能超于若辈也。"

岩曰："明朝选士，由乡试而会试，由会试而廷试，然后观政候选，可谓严格之至矣。何以国家有事，报效之人不能多见也？"

宋曰："明朝国政，误在重制科，循资格。是以国破君亡，鲜见忠义。满朝公卿谁不享朝廷高爵厚禄？一旦君父有难，皆各思自保。其新进者盖曰：'我功名实非容易，二十年灯窗辛苦，才博得一纱帽上头。一事未成，焉有即死之理？'此制科之不得人也。其旧任老臣又曰：'我官居极品，亦非容易。二十年仕途小心，方得到这地位，大臣非止一人，我即独死无益。'此资格之不得人也。二者皆谓功名是自家挣来的，所以全无感戴朝廷之意，无怪其弃旧事新，而漫不相关也。可见如此用人，原不显朝廷待士之恩，乃欲责其报效，不亦愚哉！其间更有权势之家，循情而进者，养成骄慢，一味贪痴，不知孝弟，焉能忠烈？又有富豪之族，从夤缘而进者，既费白镪，思权子母，未习文章，焉知忠义？此迩来取士之大弊也。当事者若能矫其弊而反其政，则朝无幸位，而野无遗贤矣。"

岩曰："适见僧人敬礼旧主，足见其良心不泯，然则释教亦所当崇欤？"

宋曰："释氏本夷狄之裔，异端之教，邪说诬民，充塞仁义。不惟愚夫俗子惑于其术，乃至学士大夫亦皆尊其教而趋习之。偶有愤激，则甘披剃而避是非；忽值患难，则入空门而忘君父。丛林宝刹之区，悉为藏奸纳叛之薮。君不得而臣，父不得而子。以布衣而抗王侯，以异端而淆政教。惰慢之风，莫此为甚！若说诵经有益，则兵临城下之时，何不诵经退敌？若云礼忏有功，则君死社稷之日，何不礼忏延年？此释教之荒谬无稽，而徒费百姓之脂膏以奉之也。故当人其人而火其书，驱天下之游惰以惜天下之财费，则国用自足而野无游民矣。"

岩大以为是，遂与宋成莫逆之交。

当牛金星和宋企郊辈正在大考举人的时候，而宋献策、李岩两人却在反对制科。这些议论是不是稗官小说的作者所假托的，不得而知，但即使作为假托，而作者托之于献策与李岩，至少在两人的行事和主张上应该多少有些根据。宋献策这位策士虽然被正派的史家把他充分漫画化了，说他像猴子，又说他像鬼。——"宋献策面如猿猴"，"宋献策面狭而长，身不满三尺，其形如鬼。右足跛，出入以杖自扶，军中呼为宋孩儿"，俱见《北略》。通天文，解图谶，写得颇有点神出鬼没，但其实这人是很有点道理的。《甲申传信录》载有下列事项：

> 甲申四月初一日，伪军师宋献策奏……天象惨烈，日色无光，巫应停刑。

接着在初九日又载：

> 是时闯就宗敏署议事，见伪署中三院，每夹百余人，有哀号者，有不能哀号者，惨不可状。因问宗敏，凡追银若干？宗敏以数对。闯曰：天象示警，宋军师言当省刑狱。此辈夹久，宜酌量放之。敏诺。次日诸将系者不论输银多寡，尽释之。

据这事看来，宋献策明明是看不惯牛金星、刘宗敏诸人的行动，故而一方面私作讥评，一方面又借天象示警，以为进言的方便。他的作为阴阳家的姿态出现，怕也只是一种烟幕吧。

李自成本不是刚愎自用的人，他对于明室的待遇也非常宽大。在未入北京前，诸王归顺者多受封。在入北京后，帝与后也得到礼殡，太子和永、定二王也并未遭杀戮。当他入宫时，看见长公主被崇祯砍得半死，闷倒在地，还曾叹息说道："上太忍，令扶还本宫调理"（《甲申传信录》）。他很能纳人善言，而且平常所采取的还是民主式的合议制。《北略》卷二十载："内官降贼者自宫中出，皆云，李贼虽为首，然总有二十余人，俱抗衡不相下，凡事皆众共谋之。"这确是很重要的一项史料。据此我们可以知道，后来李自成的失败，自成自己实在不能负专责，而牛金星和刘宗敏倒要负差不多全部的责任。

像吴三桂那样标准的机会主义者，在初对于自成本有归顺之心，只是尚在踌躇观望而已。这差不多是为一般的史家所公认的事。假使李岩的谏言被采纳，先给其父子以高爵厚禄，而不是刘宗敏式的敲索绑票，三桂谅不至于"为红颜"而"冲冠一怒"。即使对于吴三桂要不客气，像刘宗敏那样的一等大将应该亲领人马去镇守山海关，以防三桂的叛变和清朝的侵袭，而把追赃的事让给刑官去干也尽可以胜任了。然而事实却恰得其反。防山海关的只有几千人，庞大的人马都在京城里享乐。起初派去和吴三桂接触的是降将唐通，更不免有点类似儿戏。就这样在京城里忙了足足一个月，到吴三桂已经降清，并诱引清兵入关之后，四月十九日才由自成亲自出征，仓惶而去，仓惶而败，仓惶而返。而在这期间留守京都的丞相牛金星是怎样地生活呢？"大轿门棍，洒金扇上贴内阁字，玉带蓝袍圆领，往来拜客，遍请同乡"（《甲申传信录》），太平宰相的风度俨然矣。

自成以四月十九日亲征，二十六日败归，二十九日离开北京，首途向西安进发。后面却被吴三桂紧紧地追着，一败于定州，再败于真定，损兵折将，连自成自己也带了箭伤。在这时河南州县多被南京的武力收复了，而悲剧人物李岩，也到了他完成悲剧的时候。

> 李岩者，故劝自成以不杀收人心者也。及陷京师，保护懿安皇后，令自尽。又独于士大夫无所拷掠，金星等大忌之。定州之败. 河南州县多反正。自成召诸将议，岩请率兵往。金星阴告自成曰："岩雄武有大略，非能久下人者。河南，岩故乡，假以大兵，必不可制。十八子之谶得非岩乎？"因谮其欲反。自成令金星与岩饮，杀之。贼众俱解体。
>
> ——《明史·李自成传》

《明亡述略》《明季北略》及《剿闯小史》都同样叙述到这件事。唯后二种言李岩与李牟兄弟二人同时被杀，而在二李被杀之后，还说到宋献策和刘宗敏的反应。

> 宋献策素善李岩，遂往见刘宗敏，以辞激之。宗敏怒曰："彼（指牛）无一箭功，敢擅杀两大将，须诛之。"由是自成将相离心，献策他往，宗敏率众赴河南。
>
> ——《明季北略》卷二十三

真正是呈现出了"解体"的形势。李岩与李牟究竟是不是兄弟,史料上有些出入,在此不愿涉及。献策与宗敏,据《李自成传》,后为清兵所擒,遭了杀戮。自成虽然回到了西安,但在第二年二月潼关失守,于是又恢复了从前"流寇"的姿态,窜入河南湖北,为清兵所穷追,竟于九月牺牲于湖北通山之九宫山,死时年仅三十九岁(一六〇六——一六四五)。余部归降何腾蛟,加入了南明抗清的队伍。牛金星不知所终。

这无论怎么说都是一场大悲剧。李自成自然是一位悲剧的主人,而从李岩方面来看,悲剧的意义尤其深刻。假使初进北京时,自成听了李岩的话,使士卒不要懈怠而败了军纪,对于吴三桂等及早采取了牢笼政策,清人断不至于那样快地便入了关。又假使李岩收复河南之议得到实现,以李岩的深得人心,必能独当一面,把农民解放的战斗转化而为种族之间的战争。假使形成了那样的局势,清兵在第二年绝不敢轻易冒险去攻潼关,而在潼关失守之后也绝不敢那样劳师穷追,使自成陷于绝地。假使免掉了这些错误,在种族方面岂不也就可以免掉了二百六十年间为清朝所宰治的命运了吗?就这样,个人的悲剧扩大而成为了种族的悲剧,这意义不能说是不够深刻的。

大凡一位开国的雄略之主,在统治一固定了之后,便要屠戮功臣,这差不多是自汉以来每次改朝换代的公例。自成的大顺朝即使成功了(假使没有外患,他必然是成功了的),他的代表农民利益的运动早迟也会变质,而他必然也会做到汉高祖、明太祖的藏弓烹狗的"德政",可以说是断无例外。然而对于李岩们的诛戮却也未免太早了。假使李岩真有背叛的举动,或拟投南明,或拟投清廷,那杀之也无可惜,但就是谗害他的牛金星也不过说他不愿久居人下而已,实在是杀得没有道理。但这责任与其让李自成来负,毋宁是应该让卖友的丞相牛金星来负。

三百年了,种族的遗恨幸已消除,而三百年前当事者的功罪早是应该明白判断的时候。从种族的立场上来说,崇祯帝和牛金星所犯的过失最大,他们都可以说是两位种族的罪人。而李岩的悲剧是永远值得回味的。

一九四四年三月十日脱稿

[附识] 此文以一九四四年三月十九日在重庆《新华日报》上刊出，连载四日。二十四日国民党《中央日报》专门写一社论，对我抨击。国民党反动派的尴尬相是很可悯笑的。

本文选自人民出版社二〇〇四年版单行本《甲申三百年祭》

注释

①"炀灶"是说人君受蒙蔽。譬之如灶，一人在灶前炀火遮蔽灶门，则余人不得炀，亦无由见火光。出处见《韩非子·难四》及《战国策·赵策》。——沫若注

②手实法，唐代曾施行，限人民于岁暮自陈其田产以定租额。宋神宗时吕惠卿亦行此法，甚为豪绅地主等所反对。——沫若注

③巴寡妇清以丹穴致富，始皇曾为筑女怀清台。见《史记·货殖列传》。——沫若注

④卜式以牧畜致富，汉武帝有事于匈奴，卜式输助军饷，武帝曾奖励之。事见《史记·平准书》。——沫若注

⑤"十八孩儿兑上坐，当从陕西起兵以得天下"："十八孩儿"或"十八子"切李字。"兑"在八卦方位图中是正西方的卦，其上为乾，乾是西北方的卦。李自成崛起于陕西，陕西地处西北，当于乾位，故言"兑上坐"。又"乾为君"，故言"得天下"。——沫若注

⑥说文社于一九四四年出版此书，封面的书名为《李闯王》。按：《剿闯小史》其书，名称不一。据今见到的说文社一九四四年初版和一九四六年再版，封面为《李闯王》；张继《叙》却标名为《李闯贼史》；无竟氏《叙》又标名为《剿闯小史》；各卷标名也不一致。第一卷至五卷为《剿闯小史》，第六卷至十卷为《馘闯小史》。

⑦一九四四年初郭沫若曾手抄《芝龛记》中关于李岩、牛金星投奔李自成故事一出。手迹现存郭沫若纪念馆。据查郭沫若手迹该出的题名为《狐奔》，系《芝龛记》第四十八出。经核对乾隆十六年《芝龛记》院本，亦为第四十八出《狐奔》。

《剿闯小史》跋

郭沫若

  《剿闯小史》抄本十卷，殆前清乾隆年间所抄录。其中玄□胤弘历等字均避讳缺笔，而颙宁仡恬等字则否，即此可证。胤字有三处未缺笔，二处缺笔，盖抄时误带也。

  书名未能一致，里扉面作"李闯贼史"，叙文标题作"剿闯小说"，正文各卷标题前五卷作"剿闯小史"，后五卷作"瓺闯小史"，卷尾复作"孤忠吴平西瓺闯小史"。作者署名亦前后歧异。据"西吴九十翁吴竞氏"所作序，称"遇懒道人从吴下来，口述此事甚详，因及平西剿贼事，娓娓可听，大快人意，命童子援笔录之"，则是"懒道人口述"，而所谓"童子"者笔录。前五卷各卷卷首标题之次即署"吴下懒道人口授"，但于第六卷则署为"润州葫芦道人避暑笔，龙城待清居士漫次评"。今观其前五卷专叙北方事，确出传闻，而后五卷则撷拾文告与南都事以续成之，一录一笔颇为了然。各卷每多附录，赞诗按语杂厕其间，与正文不相连贯。懒道人为谁，恐不易考，而所谓葫芦道人者盖即第八卷"感时事侠客上书"中之"毗陵匡社友人龚姓讳云起字仲震"其人。毗陵今之武进，古属润州。第四卷末按语中又作"延陵龚仲震"，附录其哭降文。第二卷末附"五月十六日恭闻哀诏代当代名公挥泪移文"，末署龚云起。则所谓无竞氏，葫芦道人，乃至第九卷首之五洲道士，殆均此龚姓者所化名耳。此人乃秀才未第，牢骚满腹，而迂狂之气，颇跃跃于纸上。

  书中盛称吴三桂，但拥护南朝，而称满人为"虏"或"鞑子"。写作时代大抵在甲申乙酉之间，南朝新建，满廷尚未十分露其凶焰时也。作为平话小说，实甚拙劣，但可作为史料观。观其所纪，与《明季北略》多相符，后书似尚有录取本书之处，如李信谏自成四事及与宋献策论明制科之不足以得人才等节，几于一字不易，而《北略》颇有夺字夺句。又与明史流贼传则大有出入，流贼传绳伎红娘子救李信出狱事，最宜于做小说材料，而本书则无之，足证本书之成实远在明史之前也。

书在当年或曾刊行，叙文云："兴文馆请以付梓，而余为叙数行于首"，可以为证。或未及刊行，仅有抄本流传亦未可知，而本抄则当为转录，绝非初本无疑。抄中错字甚多，脱落亦所在多有，几难句读。如羽书误为"洞书"，袭异误为"裘异"，淆惑误为"济感"，眼窝误为"翌富贵"之类，均出人意表。今为校读一过，其确然知其讹误者，订正之，并略施标点，以便籀读。但其可疑无由推其原文者均仍旧，以待识者。

原载《剿闯小史》，说文社一九四四年初版。署名：郭鼎堂

甲申事变——明末亡国的历史

《新华日报》

　　明王朝从一三六八年朱元璋开国以来，经过二百多年的统治，内忧外患都发展到了极点。到了甲申年（一六四四）年初的形势是这样的：一方面满清的军队已经完全占领了山海关以外的土地，虽然山海关有明军扼守，一时攻不进来，但它绕道察哈尔，侵入了长城线内，已曾屡次窜扰到国都——北京附近。另一方面，由各地饥饿的农民汇集而成的起义队伍已经声势浩大，张献忠所领导的农民队伍已经由湖南湖北进入了四川，李自成所领导的农民队伍则由河南破潼关而占领了西安，就以之为根据地，并已定下行军规制，成为有组织有纪律的军队了。

　　明政权所遭遇到的这两方面的大敌，其实都是明政权本身的腐败所造成的。

　　原来当时的满清并不像我们今日所遇见的日本帝国主义那样是一个久经成熟的侵略势力。满清本是臣服于明的一个落后的小部落，从它开始建国以来只才经过三十多年，最初的军力不足二万人，然而明朝对付满清始终只能采取守势，并且着着失败，节节撤退。比较有办法的守将在稍建功勋后却都在朝廷的派系斗争中被政府革职的革职，杀戮的杀戮，而政府所重用的将军却都一个个投降了满清，大大增强了满清的力量。其中最有名的就是洪承畴，他本来是领兵进剿农民起义的，曾和李自成苦战了五六年，但一遇到满清，就率领十三万大军一起投降了。

　　这种对外战争的失败正是明政权本身腐败的反映。明代用八股文考试来选用忠实的官僚，以求束缚全国人的心智，结果却使整个官僚机构贪污无能到极点，明代又通过官僚系统来组织和控制全国的军队，结果却使军队腐败涣散到极点，明代又特别加强皇帝的权力来巩固中央集权，结果却使实际政权落到了不学无术的太监手里，因为只有他们最能接近皇帝。

这种政治上的腐败现象自然就更加深了对农民的剥削，因而激起了普遍的农民起义。统治者眼看着它一天天蔓延，无法收拾。用那无能的军队去进剿，只似火上加油！

明代政权给自己造成了这两个敌人，却显然无力同时对抗这两个敌人。那么它是否可以联合农民的力量来一致对外呢？固然当时的农民大众，是为了生活上的直接压迫而起来斗争的，不可能考虑到外族入侵的危机。但明代统治者却也没有认真考虑过这一问题。事实上，那样的地主官僚的专制主义政权，要来采取一些有效的办法缓和国内的社会矛盾是办不到的事，而且它既已革杀了好几个人民所共知的真正抗清的名将，它更已完全失掉了人民对它的信心。因此当时朝廷中虽也有人提出"招揽流寇"的意见，却并不被采用，而朝廷所考虑的只是可否对满清讲和的问题。在甲申年以前六七年间，从皇帝以下以至许多有力的大臣与将军都已倾向于对满清讲和，并且已经在实际上向满清试探进行了。但是一方面满清并无讲和的诚意，它已看出这时正是夺取中国政权的好机会；另一方面在那样情势下，明代统治者到底不敢公开主和，因为假如讲得妥，可以全力进攻叛乱的农民固然好，但讲得不妥，那就一定更加速自己的崩溃。

这一切内外矛盾的交集无法解决就使甲申的悲剧不可避免。但挽近却有人评论当时的时势说："其时对流寇常以议抚误兵机，对满洲又因格于廷议不得言和，遂致亡国。若先和满，一意剿贼，尚可救亡。"（钱穆：《国史大纲》页五七六）其实，明政权在当时既不能解除他自己和农民间的矛盾，就已完全没有救的了。

明亡的命运是确定的了。问题只是起义的农民和入侵的满清，谁先到北京。结果是李自成抢了先。他的军队势如破竹，通过山西直扑近畿。这时给皇帝朱由检看守北京城的只有些太监率领的军队，这种军队当然不值一击。朱由检在用刀杀死了他的妃子，又砍断了他的女儿的一支胳臂后，自己也吊死在煤山上了。一六四四年三月十九日，李自成进了北京。

这时镇守山海关的明朝将军吴三桂，所统兵号称五十万，本来是负责抗清的，却突然调过头来，亲自跑出关去，用"为国讨贼"的名义把满洲兵请了进来，双方合力回攻北京。结果固然使李自成在北京没有住满两个月，在四月二十九日就被迫弃城而去。但满清却从此盘踞北京不肯再走了。

我们应该说，吴三桂的举动，其实是实现了明代要做而不敢做的一个政策——联合满清剿灭"流寇"的政策——所以在满清已经在北京称帝之时，立国于南京明代的福王居然还派使臣北上答谢满清替明朝打退"流寇"之功，并且还进封那在实际上已经做了满清臣子的吴三桂做蓟国公。

至于甲申以后的情势，这里也得简单地叙一下。明朝的宗室仍在南方建立了流亡政府（所谓南明），也还拥有相当的实力，而李自成的力量还保陕西，实际的形势也促成他们反抗外寇的决心。到这时形势的确一变，不是明政权为了巩固自己，遭遇两方面的敌人；倒是满清政权为了要能统治全中国，必须遭遇两方面的敌人了。但是曾经是明政权所不能解决的问题，满清统治者却解决了。它先用合力对付农民军队来诱惑、麻痹南明统治者，然后在消灭了陕西的李自成军队后却长驱南下，消灭南明的力量。南明政权先后流亡各处，虽然还支持了近三十年，而南方反清的人民斗争也表现了非常可歌可泣的场面，但明政权之终于不能振兴，仍是由于它既曾不惜勾引外寇来扑灭人民的武力，就再也不能真正地和广大人民的力量结合在一起去反抗外族了。而杀死最后一个南明皇帝的却正是那位蓟国公吴三桂！

甲申事变及当时统治者的政策决定了明王朝的崩溃。明的崩溃固不足惜，但由于朱由检、吴三桂、洪承畴的罪行，使得中国人民继续在专制主义的异族统治下做了二百六十年的奴隶，而使得中国社会的向前发展更多经过了一度波折，更多遭受了许多苦难，却是我们在三百年后读史之时，尤不能不感到愤慨的。

原载一九四四年三月二十日《新华日报》，原文没有署名

纪念三百年前的甲申

柳亚子

今年一月卅一日，收到于怀兄同月十六日从渝都发出的一封信，说道："今年适值明亡三百年，我们打算纪念一下，沫若先生们都打算写文章。昨天在郭先生家和一些朋友闲谈，大家都一致认为你是南明史泰斗，纪念明亡，非你开炮不可。"这时候，我的神经衰弱病还是很厉害，脑子像顽石一般，不能发生作用，只好很抱歉地还信谢绝了他。但这几天，病势居然似乎减轻一些，所以又想动笔来乱涂一下了。

在未入正文以前，先有两点声明：第一，南明史泰斗的帽子，我是不敢戴的，这倒并不是我的客气。因为我平素主张，史料和历史不同，研究史料和研究历史，也就大有分别。从前曾在《我的南明史料研究经过》一文中写道："中国旧时的史籍，严格讲起来，是不能称为历史的。偌大的二十五史，也不过是史料而已。所以，我不敢僭称研究南明历史，而只称研究南明史料。我理想中万一将来能够研究成功的结果呢，也还是一大堆史料。不过想把史料整理得完备一些，以备当代具有唯物史观的历史家作为参考时方便一些，也就达到我的目的了。"所以，讲到做一个南明史料研究者，我并不敢妄自菲薄地说客气话；但要说是南明史学的研究者，那就谨谢不敏，不要提再加上泰斗两字了。第二，说今年是明亡三百年，我也不能承认。但我能承认今年是北都沦陷，满清从东北进入华北的三百年纪念罢了。因为根据明朝正朔而论，思宗崇祯十七年甲申，北都虽亡，南都却在是年旧历五月拥立了安宗。到明末弘光元年乙酉旧历五月，清兵攻陷南都，闰六月，福京拥立绍宗，即以是年七月一日以后为隆武元年。明岁隆武二年丙戌旧历八月，清兵又陷汀州，绍宗蒙难；十月，肇庆拥立昭宗，以明年丁亥为永历元年。以后，清兵狼奔鼠突，昭宗避桂避滇，结果逃入缅甸，为缅酋莽猛白执献于汉奸吴三桂军前。永历十六年壬寅旧历四月，三桂行弑，昭宗崩于滇都（今昆明），但延平王朱成功却先在永历十五年，辛丑旧历十二月从荷兰人手中恢复了台湾，建为东都，仍奉永历正朔，成功殁，子经嗣，经殁，子克塽嗣，直到永历二十七年癸亥旧历八月，汉奸施琅入东宁府（东都改称），明祚始尽。这样，上朔思宗崇祯十七年甲申北都沦陷之岁，已经四十年了。所以，把甲申来算作明亡之岁，我从南明历史研究者的立场来讲，是不能承认的，特此抗议。以后，便入正文了。

甲申虽然不是明亡之岁，但对于朱明的政权，当然是受着大打击的一年。不但朱明，满清入关，连中华民族也整整地做了二百六十八年异族的奴隶，这当然是非常重大的惨剧。现在，且把它的前因后果来解说一下吧。朱明政权的崩溃，照我们现在的立场来讲，实在是无足深惜的。明太祖（洪武）以布衣起兵，驱逐胡元，人家因此尊称他为民族英雄。其实，也不过是因利乘便罢了。他本人的性质，实在是很残暴的。你看他平定中原以后，屠戮功臣的行为，也就可以想见了。他的施政用刑，也很严酷。他要他的儿子参与司法，但奏上的案件，儿子主轻办，他却要重办。儿子和他争辩了一下，他便生气道："那么，等你做了皇帝，再来收拾人心吧，在我未死的时候却不行。"这样，把他的儿子便生生地吓死了。他的太孙惠宗（建文），是一个好人，却为叔父燕王所篡。燕王也是一个枭雄，篡位时改元永乐，死后尊称太宗，又改成祖，他对于惠宗遗臣的杀戮，如方孝孺加十族之诛，铁铉生入油锅，景清剥皮楦革，还有妻女发教坊的淫刑，其惨毒为历史上所罕见。这样，朱明开国的祖宗，先是残暴不堪，无怪黄宗羲要说"视兆人万姓崩溃之血肉，无异夫腐鼠"了。燕王以后，思宗（崇祯）以前，仁宗（洪熙）仅仅在位两年不算，代宗（景泰）八年被废也不算外，只有宣宗（宣德），宪宗（成化）和孝宗（弘治）三人，还高明一些。其他，英宗（正统）的荒淫，武宗（正德）的淫乱，世宗（嘉靖）的刚愎迷信，穆宗（隆庆）的尸位素餐，神宗（万历）的昏聩糊涂，都是自桧以下，不值得批评，光宗（泰昌）在位不满一月，便传给了熹宗（天启），尤其是一个活宝贝，他信任太监魏忠贤和乳母客氏，把忠臣杨涟、左光斗以下十余人，活活地敲打弄死，又把魏忠贤配享孔庙，生祠遍于国内，真正是全无心肝，集白痴低能的大成于一身了。思宗起于藩邸，芟夷客魏，初政颇有中兴之象。无奈他赋性猜忌，器量狭小，予智自雄，无容人之量。在位十七年中，宰相时时调换，竟有五十人之多，可见朝政紊乱的一斑了。文臣中孙承宗的才略，文震孟的学望，他都不能用，相信的偏是温体仁、杨嗣昌、周延儒几个人，中间温、杨更坏，而他的信任更专。周延儒第二次出山，由于东林复社党人张溥（天如）等幕后的策动，举措稍得人望，结果却把他赐死了。武臣中袁崇焕御虏最力，也轻信了太监的谗言和满虏的奸计，使他冤受寸磔之刑。更坏的，是信任宦官，复兴东厂，廷杖朝臣，魏忠贤的精神不死。一时名流如黄道周、姜埰、熊开元诸人，都是受他非刑拷打，死去活来过的。皇帝如此，天下安得不乱，自然李自成的农民革命军，要乘机而起了。

崇祯十七年甲申旧历三月十九日，闯王李自成攻破北都，思宗上煤山自缢身死，在中国历史上讲，一姓的兴亡，实在无足轻重。但当时的形势，并非朱明和李闯简单的斗争，而还夹杂了东北关外新兴的外族满洲。满洲本是女真的部落，最初称为建州。明神宗时，努尔哈赤崛起，遂为边患。神宗万历十四年丙辰，奴酋僭称大汗，建国号后金。熹宗天启元年辛酉，攻略沈阳，虏势更猖獗了。天启六年丙寅，奴酋寇抚顺，袁崇焕击破之，奴酋受伤归死；子皇太极继僭大汗，仍屡屡大举入寇，兵薄近畿，崇焕以入援被谗受极刑。崇祯九年丙子，后金改国号曰清，皇太极僭号称帝。十六年癸未，皇太极死，子福临继立，皇太极之弟多尔衮通于福临之母，号称摄政王，独揽大权，内寇之谋益亟。到明年，便是崇祯十七年了。李自成虽然占领了北都，逼死了思宗，但不能从政治上着手改革，现状遂趋于混乱。这时候镇守山海关的总兵吴三桂，又因爱妾陈沅（圆圆）被自成所掳，便勾通多尔衮，引清兵内寇，北都再度失陷，自成西走。这样，朱氏和李氏两败俱伤，而满清却坐收渔人之利，中华民族遂陷入厄运了。思宗的执拗刚愎，自取灭亡，实在死不足惜。他临死时还道："朕非亡国之君，诸臣皆亡国之臣。"似乎很愤慨的。其实，这些亡国之臣从哪儿来的呢？还不是由于皇帝老子的汲引和信任。倘然真正君非亡国之君，那么，亲正人，远奸佞，又哪儿会有亡国之臣能够在他身边立足呢？执迷自溺，至死不悟，只有给后来者以殷鉴罢了。自成起初，似乎也无甚大志，后来才有河南举人李岩当了他的顾问。李岩本名信，父精白以党附魏忠贤为乡里所轻。他想干父之蛊，做一个好人。有一年，河南大饥荒，赤地千里，他散财发粟，全活灾民无算；却有当地的贪官污吏，敲诈不遂，把他拘捕送狱，诬为乱党。那时候，有一个女侠叫作红娘子的，曾经受过他的恩惠，索性纠众起兵，杀入狱中，把他救了出来。他投身无路，动了救民的念头，红娘子也嫁给了他，便夫妇双双，投入自成军中，教自成收拾民心，蠲除赋税，以"迎闯王不纳粮"为口号，民众大悦，争来归附，自成兵力始张。入都以后，他礼贤下士，想辅佐自成，好好地做一番事业，却被自成手下另一谋士牛金星所嫉妒，在自成面前挑拨是非，结果自成把他在酒席上刺死了，于是人心解体。自成的失败，这也是一个原因。并且，吴三桂、唐通之徒，反侧两端，原来没有坚定的主张，要是自成的手腕高明一些，招降了三桂，坚守山海关，清兵便不能长驱直入，又哪儿会有后来二百六十二年屈辱的痛史呢？操戈同室，兄弟阋墙，真是杜牧所说"秦人不暇自哀而后人哀之"了。自成入都以后，西走以前，一般崇祯旧臣，有仗义不屈的，也有纷纷投降的，总之无补于民族存亡的大局。不过死节诸人，算能支撑正气，在历史上留一个好名好姓罢了。当时有个东莞人张家玉，其出处却为史家所聚讼，有人说他曾上书自成，劝以表扬忠义，起用贤良，却又不肯称臣，说是殷人从周，愿学孔子，自成见书震怒，把他拷打不屈，后来说要杀他的父母（其实他的父母还在东莞原籍，自成是无法去杀的），又说为父母而屈，称臣下跪，授职为官。但另外几部书中，却说他因为不肯投降，被自成所捕，吊打城楼上三昼夜他仍旧抗节不屈，后来乘隙逃归，并无上书授职等事，但他是东林党人周凤翔的门生（周是甲申殉难的一人），所以魏阉余孽马士英、阮大铖要咬他一口，造出许多谣言来，后来弘光朝对于降闯诸臣，分六等定罪，便把他打入罪案中去了。最初，我是相信后说的，因为家玉于昭宗永历元年丁亥，起兵东莞，抗虏殉义，列为南明粤东三大忠臣之一，不应该先有归顺自成的故事，在香港还曾投函《华商报》，和友人争辩过一通呢。但后来想想，对满洲是一件事，对李自成又是一件事，因为满洲是外族，无论如何，不应该和他们合作，而李自成本来也是中国人，事明和事顺（自成入都后，称大顺皇帝，改崇祯十七年为永昌元年），似乎没有多大分别，何况上书而不称臣，保留着自己的身份，也并非熏心利禄暮楚朝秦者所可比拟吧。倘然自成能采纳家玉的良言，延揽英才，改良政治，据北都以拒关外，又何尝不是中华民族的幸运呢？这样就算家玉真有上书事实，也无害于后来的仍为三忠之一，比诸范文程、李光地以及胡林翼、曾国藩、左宗棠、彭玉庆、李鸿章之流，毕竟要高明到万倍了。

去年是甲申北都沦陷后的二百九十九年纪念，我曾写过旧诗两首，表示一些意见；现在，就转录在下面，作为这篇粗浅简陋的文字的注脚吧。

> 芟除客魏起非常，晚节昏庸国便亡。
> 一姓覆宇何足道，万家流血始堪伤。
> 由来器小聪终蔽。未有君明臣不良。
> 披发煤山嗟已晚，九泉何面见高皇！
> 皇来跃马起延绥？破竹亡秦胜广规。
> 书上张良嗟未用，艳倾陈沅亦奚为。
> 重瞳势盛亡何易，同室戈操事不支。
> 倘也联吴能灭虏，中原依旧汉家旗！

三十三年三月二十二日于桂林
原载一九四四年四月十五日《群众》周刊第九卷第七期

桃花扇底看南朝

翦伯赞

一　作者孔尚任

《桃花扇》是清初一部有名的剧本。作者孔尚任氏，山东曲阜人，孔子六十四代孙。孔氏字季重，号东塘，又号岸堂。因为他曾读书石门山中，石门山古名雲山，"雲"字古文作"云"，故又号云亭山人。他在清初，与洪昇同为最有名的戏剧作家，在当时的剧坛上，有南洪北孔之称。

孔尚任生于清顺治五年[①]九月十七日[②]，死于何年，不得而考。但《桃花扇》上，有他戊子三月一序，按戊子为康熙四十七年，其时孔氏年已六十一，是知他的年寿，至少超过六十。[③]

孔尚任在三十四岁以前，还是古云山的一个隐逸之士。他在古云山中，"诛茅叠石，结庐其中有年"，享受这里的"清泉佳木溪壑"之盛。[④]《桃花扇》第三十九出《栖真》中有几段词曲，正是描写他自己的隐居生活。如云："避了干戈横纵，听飕飕一路，涧水松风……石墙萝户，忙寻炼翁；鹿柴鹤径，急呼道童；仙家那晓浮生恼。"又云："采药深山古洞，任芒鞋竹杖，踏遍芳丛。落照苍凉树玲珑，林中笋蕨充清供……俺善才迟暮，羞入旧宫；龟年疏懒，难随妙工；辞家竟把仙篆诵。"我们读了这些词曲，可以看出他在三十四岁以前，还抱着一种浓厚的出世之想，大有"耻食周粟"之慨。

到三十四岁，衍圣公孔毓圻请他出山，编著《孔子世家谱》，经过三年，成《家谱》十卷。《家谱》中，述汉以来孔家传记谱牒甚详，取材亦极严谨。

凡谶纬伪《家语》及伪《孔丛子》上的资料皆摒而不录，即对《史记·孔子世家》上的资料，亦有所订正。在考据学未发达之前而有如此严谨的治学态度，实为难得。

《家谱》脱稿以后，他想回山，但衍圣公又留他"采访工师，造礼乐祭器"，并"选邹鲁弟子秀者七百人"，请他"教以礼乐"。当时他眼看清朝定鼎中原，用夷变夏，中国的礼乐，将陷于沦亡，于是毅然答应了。《桃花扇》第一出老赞礼白有云："可咏可歌，正雅颂，岂无庭训。"这正是他自述制礼作乐的事实。

正当孔氏制礼作乐的时候，康熙的御驾东谒孔林。衍圣公以孔尚任博学多闻，请他襄助祀典。为了笼络汉族的士大夫，尊孔崇儒，是历来边疆民族统治者的不二法门。当时康熙深明此道，所以在祭毕之后，即命"于孔氏子弟，选取博学能读书人员，令撰次应讲经义进呈"。孔尚任即于此时被族人荐举。因为他撰讲称旨，康熙授以国子监博士，时康熙二十三年事也。《桃花扇》首出《先声》中题曰："今乃康熙二十三年"，这正是点穿他自己服官之始。

嗣后，他由国子监博士，转户部主事，康熙三十七年，又升户部广东司员外郎。他在户部时，曾著有《人瑞录》⑤一书，这是一部长寿老人的统计录，也可以说是一部明代遗民录。从《桃花扇本末》（以下简称《本末》）知道他是以康熙三十九年（公元一七〇〇年）弃官，时年五十二岁。总计他服官的时期，前后凡十五年。

孔尚任虽然服官十五年，但他对于升官发财，并不热衷。他既得到康熙的知遇，本可以攀龙附凤，青云直上；然而他没有那样无耻，仍然自甘淡泊。据他自己所述："（他在北京时），侨寓在海波巷里，扫净了小小茅堂，藤床木椅，窗儿外竹影萝阴，浓翠如滴，偏映着潇洒葛裙白纻衣。雨歇后，湘帘卷起，受用些清风到枕，凉月当阶，花气扑鼻。"又说："（他）喜的是残书卷，爱的是古鼎彝，月俸钱支来不够一朝挥。"⑥由此足见他虽升沉在恶浊的宦海中，仍然是一位古色古香的书生。

孔尚任第一部戏剧作品是《小忽雷》。《小忽雷》者，相传为唐代乐器之名，类似琵琶，又名二弦琵琶。桂未谷《晚学集》云："唐文宗朝，韩混伐蜀，得奇木，制为胡琴二，名曰大、小忽雷。"据传说，大、小忽雷遗失民间，并未破灭。八百余年后，孔氏忽得之于北平，这对于这位爱好古乐的学者，当然是如获至宝。因为看见了《小忽雷》，就想起了唐朝的历史，于是他就以《小忽雷》⑦为标题，写了一个历史剧。这部历史剧以梁厚本与郑盈盈二人的因缘为线索，把元和、长庆、太和间的大事，如平淮、蔡，甘露之变等一齐贯串起来。把许多历史人物，如权德舆、裴度、李训、郑注、白居易、元稹、刘禹锡、柳宗元以及宦官梁守谦、仇士良，歌妓杜秋娘等，都拉上舞台。从《小忽雷》的体裁，我们可以看出孔尚任是一位历史戏剧家；而且他写历史剧，不喜取材于小说，专好把历史上的实人实物加以点染，穿插成剧。这种作风，他在《小忽雷》中初试其锋，到《桃花扇》中，便完全成功了。

二　全剧结构及写作动机

《桃花扇》传奇是孔尚任第二部戏剧作品，也是他最后的一部戏剧作品。这个剧本，是以明、清之际的史实为背景，写成的一部可歌可泣的歌剧。

《桃花扇》全剧共分四十出，前有《先声》，后有《余韵》。在第二十出之后，以《闲话》作为顿歇，谓之闰二十出；在第二十一出之前，又以《孤吟》，作为承转，谓之加二十一出。全剧的结构皆系以复社名士侯朝宗⑧与秦淮歌妓李香君⑨的儿女私情为线索，将明、清之际的史实，如明末的文社活动，崇祯殉国，福王建号，阉党复活，史可法被放，党祸再兴，四镇互哄，以至左良玉叛变，福王政府灭亡等史实，都贯串起来，写成一部有声有色的明代亡国痛史。他把许多历史人物，皇帝如弘光帝，忠臣如史可法，奸佞如马士英，复社名士如陈定生、吴次尾，阉党余孽如阮大铖，将军如左良玉、黄得功、袁应咸、高杰、刘良佐、刘泽清、田雄，官僚如杨龙友、沈公宪、张燕筑，歌人如柳敬亭、苏昆生、丁继之，妓女如寇白门、郑妥娘、李贞丽，画家如蓝田叔，书贾如蔡益所等，一个个都请上舞台。并且自己也粉墨登场，而出现为剧中之老赞礼。在这个剧本中，他把福王政府中的君臣将相，乃至当时的在野名流，歌人妓女的忠奸邪正，都写得人人活现，个个传神。至于其词曲之美，则其余事也。诚如作者所云："（读《桃花扇》后便知明朝）三百年之基业，隳于何人，败于何事，消于何年，歇于何地。"他又说，这部传奇虽系小道，"而义则春秋"，"不独令观者感慨涕零，亦可惩创人心，为末世之一救矣。"⑩

据作者在《桃花扇本末》中云："予未仕时（三十六岁以前），每拟作此传奇。恐见闻未广，有乖信史，窃歌之余，仅画其轮廓，实未饰其藻采也……又十余年……乃挑灯填词……凡三易稿而书成，盖己卯（康熙三十八年，公元一六九九年）之六月也。"由此足见孔尚任之欲将明代亡国痛史，写成剧本，早在青年时代，即在计划之中。而其所以未能完成者，则"恐见闻未广，有乖信史"也。他后来之所以积极地完成此传奇，乃是受了他舅父的影响。《本末》中说："族兄方训公，崇祯末为南部曹，予舅翁秦光仪先生，其姻娅也。避乱依之，羁栖三载，得弘光遗事甚悉。旋里后，数数为予言之。证以诸家稗记，无弗同者，盖实录也。独香姬面血溅扇，杨龙友以笔点之，此则龙友小史，言于方训公者。虽不见诸别籍，其事则新奇可传，《桃花扇》一剧，感此而作也。南朝兴亡，遂系之桃花扇底。"

香姬面血溅扇，有无其事，当然还是问题；但是孔尚任却假托一个妓女不嫁阉党余孽，以致碎首出血的故事，把明代亡国的责任，说得明明白白。故其着重点，并不在有无桃花扇，而在于妓女亦不肯嫁阉党余孽。作者在《桃花扇小识》说："《桃花扇》何奇乎？其不奇而奇者，扇面之桃花也；桃花者，美人之血痕也；血痕者，守贞待字，碎首淋漓，不肯辱于权奸者也；权奸者，魏阉（忠贤）之余孽也；余孽者，进声色，罗货利，结党复仇，嚼三百年之帝基者也。帝基不存，权奸安在？惟美人之血痕，扇面之桃花，喷喷在口，历历在目，此则事之不奇而奇，不必传而可传者也。"由此可知《桃花扇》之作，非所以传儿女之私情，盖所以诛奸佞，悲亡国也。

顾天石《桃花扇序》有云："当其时，伟人欲扶世祚而权不在己，宵人能覆鼎铼而溺于宴安，扼腕时艰者，徒属之席帽青鞋之士；时露热血者，或反在优伶口技之中；斯乾坤何等时耶！既无龙门、昌黎之文，以淋漓而发挥之；又无太白、少陵之诗，以长歌而痛哭之。何意六十载后，云亭山人……撰出《桃花扇》一书……可以当长歌，可以代痛哭，可以吊零香断粉，可以悲华屋山丘。"岂"非有甚慨于青盖黄旗之事，而为鸮童黍离之悲也"耶？

桃源老人读《桃花扇跋语》有言曰：

"夫明季史实，中国史上之一页痛史也。弘光、隆武、永历之间，盖有不少可歌可泣之事，令人触目惊心。诚以当时历史之迭遭，固非仅朱氏九庙，堕为丘虚，抑亦黄炎华胄之沦于夷狄也。当时明代遗臣故老，身亲亡国灭种之变，自有山河故国之感。目之所见，耳之所闻，身之所遭，心之所感，悲愤抑郁之所集结，有不能已于言者，则著之为纪录，发而为文章，此人之情也。以是当时著作之多，汗牛充栋。此等著作类皆充溢悲愤激昂伤时诋世之辞。云亭山人生当明、清之际，虽不及见弘光殄祀，隆武就诛，但亲见桂王'翠华奔播于崖疆，黄屋飘零于瘴雨'，栖迟山谷，流离异国，卒至文武屠灭，血溅蓬莱。不觉故国之感，油然而兴。此《桃花扇》之所由作也。当作者写著《桃花扇》时，悲伤之感充溢纸上。孤吟之词有曰：'难寻吴官旧舞茵，问开元遗事，白头人尽。云亭词客，阁笔几度酸辛。声传皓齿曲未终，泪滴红盘蜡已寸……'嗟夫，读'白头人尽''红盘蜡泪'之句，至今犹有余哀也。"

《跋语》又曰：

"嗟夫，焚书坑儒，何代无之，但从未有如满清之烈者也。在清初，一语可以杀身，一字可以成狱，至若述古为史，纪实为录，与夫咏怀感世而为诗者，则更无论矣。如庄廷鑨之'明史狱'，戴名世之'南山集狱'，沈天甫之'逆诗狱'，查嗣庭之'试题狱'，株连所及，动辄数百千人。一字之嫌，缇骑四出，血肉狼藉，牢狱为满。百年之内，灭家夷族，斩棺锉尸者，不知几何人；焚书削版，毁稿燔刊者，不知几何书。当此之时，朝廷以此考绩，官僚以此邀功，汉奸败类，以此献媚售奸，而豪绅劣棍傅张为幻之徒，且以此诈财寻仇无休止矣。充其所极，当时除'圣谕广训'以外，天下盖无书非逆，无书不禁矣。然而《桃花扇》传奇终能免于焚燔之劫者何耶？此则不能不谓非作者文字运用之妙也。盖作者不从朝廷大政，而从几辈老名士、老歌人、老倡妇，饮啸谈谐，祸患离合终始之迹，以寄国家兴亡、君子小人、成败死生之故；不用史汉体裁，而独借管弦拍板，写其悲感缠绵之致，此其所以幸存也。即以此故，是以'《桃花扇》本成，王公荐绅莫不借抄，时有纸贵之誉'。《桃花扇》虽委曲其词，但仍具有丰富之民族情绪。《本末》有曰：'（当时）长安之演《桃花扇》者，岁无虚日……名公巨卿、墨客骚人，骈集者座不容膝……然笙歌靡丽之中，或有掩袂独坐者，则故臣遗老也。灯炮酒阑，唏嘘而散。'盖'当时真是戏'，而'今日戏如真'也。"

三　金粉南朝

《桃花扇》自第一出至第十三出，都是描写崇祯十六年的南都。当时正值明亡的前夕，一方面，清兵已迫近山海关，威胁着明朝的首都；另一方面，农民的起义，已由西北扩大到西南及中原一带，震撼了大明的天下。然而据《桃花扇》所述，当时的南京，却是一座纸醉金迷的城市。据作者云：

当时，"孙楚楼边，莫愁湖上，又添几树垂杨。偏是江山胜处，酒卖斜阳，勾引游人醉赏，学金粉南朝模样"（《听稗》）当时"长板桥头垂杨细，丝丝牵惹游人骑"。"莺颠燕狂"，家家户户"不把红楼闭"。当时的平康（妓院）在凤城（南京）东。在这里，"千门绿杨，一路紫丝缰。引游郎，谁家乳燕双双……隔春波，碧烟染窗；倚晴天，红杏窥墙……一带板桥长……听声声卖花忙。"（《访翠》）在这里，"楼台花颤，帘栊风抖"，"今宵灯影纱红透。"（《眠香》）"缠头锦，百宝箱，珠围翠绕流苏帐，银烛笼纱通宵亮，金杯劝酒合席唱。"（《却奁》）在这里，有多少南国佳人，他们本来"家住蕊珠宫，恨无端业海风，把人轻向烟花送，喉尖唱肿，裙腰舞松，一生魂在巫山洞"。（《骂筵》）他们或则"匆匆挽个抛家髻"，便把"那新词且记"，"学就晓风残月坠，缓拍红牙，夺了宜春翠，门前系住王孙辔"。（《传歌》）或则"短短春衫双卷袖，调筝花里迷楼"。家家"全把绣帘钩，不教金线柳，遮断木兰舟"。（《眠香》）

当时秦淮河里，"龙舟并，画桨分，葵花蒲叶泛金樽；朱楼密，紫障匀，吹箫打鼓入层云"。一阵阵的笙歌箫鼓，一船船的乌纱红裙。"灯船来了"，"你看这样富丽，都是公侯勋卫之家"。灯船又来了，"这是些富商大贾，衙门书办，却也热闹"。灯船又来了，"你看，船上吃酒的，都是些翰林部院老先生们"。这正是："秦淮十里盈盈水，夜半春帆送美人。"（《闹榭》）

不仅官僚商人如此，当时的风流才子，他们也是"齐、梁词赋，陈、隋花柳，日日芳情迤逗"。不是"贪花福分生来有"，便是"秀才渴病急须救"。（《眠香》）不是"飞来捧觞，密约在芙蓉锦帐"，便是"误走到巫峰上，添了些行云想"。（《访翠》）不是"青衫偎倚，今番小杜扬州"，便是"寻思描黛，指点吹箫，从此春人手"。"缠头掷锦，携手倾杯"，有多少"催婚艳句"，有多少"迎婚油壁"。（《传歌》）这正是"江南花发水悠悠，人到秦淮解尽愁。不管烽烟家万里，五更怀里唪歌喉"。（《眠香》）

至于当时的中原，则"豺虎乱如麻，都窥伺龙楼凤阙帝王家，有何人勤王报主，肯把义旗拿。那督师无老将，选士皆娇娃……正腾腾杀气，（准备剿灭"流寇"）这军粮又早缺乏。（那些士兵们）一阵阵拍手喧哗，一阵阵拍手喧哗……好一似薨薨白昼闹蜂衙"。（《抚兵》）纵有那"活骑人，飞食肉"的将军，也只得"望眼巴巴，望眼巴巴"，"候江州军粮飞下"。（《抚兵》）

当此之时，到处都是："狐狸纵横虎咆哮"；因而到处都是："鸡犬寂寥，人烟惨淡，市井萧条。"百姓们虽然没有饭吃，都还要"把豺狼喂饱"。又加之以"鼙鼓声雄，铁马嘶骄"（《投辕》）。那些官兵们虽然都是"天朝犬马"，但没有一个曾"把良心拍打"。（《抚兵》）当时的情形是："贼凶少弃囊，民逃剩空房；官穷不开仓，千兵无一粮。"因而当时的官兵"杀贼拾贼囊，救民占民房，当官领官仓，一兵吃三粮"。在这样情形之下，当时的百姓，就"大抵非逃即盗"了。（《投辕》）

一方面是贪污腐化，荒淫无耻；一方面是饥寒交迫，流离死亡。这正是明朝亡国前夕的社会之一里一面。在这样不协调的社会中，而阉党余孽皖人阮大铖者，避居白门，以民变逼皖；东南震撼，乃谈兵说剑，招纳游侠，企图乘天下之敝，再握政权。但当时南京为复社诸生文酒集会之中心，而复社诸生之领导人物，又皆东林先烈之子孙，对于阉党余孽素抱不共戴天之仇。见阮大铖以"漏网余生，不肯退藏"，"蓄养声妓，结纳朝绅"，于是复社名士顾杲、吴应箕、陈贞慧、侯朝宗、黄宗羲、沈士柱等，做了一篇"留都防乱"的揭帖，公讨其罪。自是以后，复社诸生与阉党余孽遂为水火。《桃花扇》的作者因有甚慨于过去魏阉之祸国，以致酿成亡国之因；又有深恨于后来魏阉余孽之起，以致演成亡国之变；于是对于阉党余孽，不觉破口大骂。他把一群"低品走狗奴才队"，写得不仅为士大夫所不齿，而且为歌人所笑骂，为妓女所鄙视。于是而有《传歌》，于是而有《哄丁》《侦戏》《闹榭》，于是而有《却奁》《拒媒》《骂筵》诸幕之穿插。

作者在《哄丁》一幕中骂阮大铖曰：

> "你的心迹，待我替你说来。"
>
> "魏家干，又是客家干，⑪一处处，儿字难免。同气崔、田，⑫同气崔、田，热兄弟，粪争尝，痈同吮，东林里丢飞箭，西厂⑬里牵长线，怎掩旁人眼。笑冰山消化，铁柱翻掀。"
>
> "阉儿珰子，阉儿珰子，那许你拜文宣。辱人贱行，玷庠序，愧班联，急将吾党鸣鼓传，攻之必远；屏荒服，不与同州县；投豺虎，只当闲猪犬。"

这正是："党人逆案铁同坚。当年势焰掀天转，今日奔逃亦可怜。儒冠打扁，归家应自焚笔砚。"

又在《侦戏》一幕中说：

> "他说老爷呵！是南国秀，东林彦，玉堂班。""为何投崔、魏，自摧残。""呼亲父，称干子，忝羞颜。也不过仗人势，狗一般。"

又在《却奁》中借妓女香君之口大骂阮大铖曰：

> "阮大铖趋附权奸，廉耻丧尽，妇人女子，无不唾骂。他人攻之，官人救之，官人自处于何等也？……官人之意，不过因他助俺妆奁，便要徇私废公；那知道这几件钗钏衣裙，原放不到我香君眼里。"

于是作者曰："平康巷，他能将名节讲。偏是咱学校朝堂，偏是咱学校朝堂，混贤奸，不问青黄。"

又在《闹榭》一幕中借复社名士之口，大骂阮大铖曰：

> "好大胆老奴才，这贡院之前，也许他来游耍么！"

陈于玉题《桃花扇》诗曰："公子豪华尽妙才，秦淮灯舫一时开，千金置酒浑闲事，不许阉儿入社来。"

即因如此，所以阮大铖便痛恨复社诸生。不久，遂造作谣言，说侯朝宗暗通左良玉要反到南京来。于是政府信以为真，遂通缉侯朝宗。因而作者又写出《辞院》一幕。其中有曰：

> "这冤怎伸，硬叠成曾参杀人。这恨怎吞，强书为陈恒弑君。"

四 "迎立为上"

"三月桃花四月叶"，正是南京城里莺颠燕狂之时。就在这个时候，大伙的"流寇"在李自成的领导之下，攻破了居庸关，焚烧了十二陵，围困了北京城。当此之时，一位抱着"安内攘外"之"大志"的崇祯皇帝，"呼不应天灵祖灵，调不来亲兵救兵。"奴才背叛了主人，宦官打开了城门，成群的饿鬼闯进了神京。在三月十九日的清晨，太阳还没有出来，外城纵起了大火，禁城中敲出了紧急的钟声。就在这个时候，"白练无情，送君王一命。伤心煞煤山私幸，独殉了社稷仓生，独殉了社稷仓生。""宫车出，庙社倾……（这真是）养文臣，帏幄无谋；豢武夫，疆场不猛。到今日，山残水剩。对大江，月明浪明；满楼头呼声哭声。"（《哭主》）

与李自成之打进北京同时，青年的吴三桂将军也就打开了山海关的门，六军缟素迎降清兵。在明清联军压迫之下，李自成退出了北京。一切都没有改变，只是在中国皇帝的宝座，换了一位异族的"龙种"，这就是顺治皇帝。

当时明朝遗臣故老，见清朝"抚定燕京"，"建号称尊"，始知他是"乘我蒙难"，"规此幅员"。于是相议立新君，重组政府。当时权奸马士英等以"一旦神京失守，看中原逐鹿交走"。（《迎驾》）于是主张迎立福王，以图拥立之功。据作者说：

> "福邸藩王，神宗骄子，母妃郑氏淫邪……若无调护良臣，几将神器夺窃……骄奢，盈装满载分封去，把内府金钱偷竭……这君德全亏尽丧，怎图皇业。"（《阻奸》）

但是"马中丞（士英）当先出头，众公卿谁肯逗留"。（《迎驾》）于是迎驾的官员出发了。我们看：

> "趁斜阳，南山雨收；控青骢，烟驿水邮；金鞭急抽，金鞭急抽，早见浦江云气，楚尾吴头。应运英雄，虎赴龙投。恨不得双翅飔飔，银烛下，拜冕旒。"（《迎驾》）

这正是"江云山气晚悠悠，马走平川似水流，莫学防风随后到，涂山明日会诸侯"。（同上）

五月初一日，福王谒孝陵。初二日，群臣劝进，称监国。[⑭]我们看："宫门殿阁，重重初敞。满目飞腾新紫气，倚着钟山千丈……云消帘卷，东南烟景雄壮。"（《设朝》）"开朗，中兴气象，见罘罳瑞霭祥云，王业重创。"哪管他"豺虎纵横"，"中原板荡"。"兵燹难消，松楸多恙，鼎湖弓剑无人葬。"且"垂旒正冕，受贺当阳"。（同上）这正是："一朵黄云捧御床，醒来魂梦自徬徨。中兴不用亲征战，才洗尘颜着衮裳。"（同上）

现在，开始组织政府。我们听，福王在训话。他说："职掌，先设将相，论麒麟画阁功劳，迎立为上。"（《设朝》）于是马士英等奸党也与史可法、姜日广、高弘图等忠臣，同时做了东阁大学士。[⑮]现在"旧黄扉，新丞相"，一个个"趾高气扬"，都是"廿四考中书模样"。而魏阉干儿阮大铖"也步金阶，抱笏囊"，"新参知政气昂昂"了。（《设朝》）

当福王即位之时，清军尚不过占有河北、山东。太行以西，大河以南之广大领土，完全为明朝所有。而且福王政府，尚拥有庞大的军队。在江北有四镇之军，在江南有闽军，在武汉有左良玉三十六营，在江西有袁继咸的赣军，在湖南有何腾蛟的湘军。此外，两广、滇、黔之军，也有一部分开到了江西。总计当时的兵力，当在二百万以上。同时，李自成尚盘踞山、陕，大有卷土西秦之势；张献忠则占有四川，非无卷旗北伐之心。地非不广，兵非不多，人非不众，物质资源非不丰富。假使福王政府，能顾念国家危机，朝野上下团结一致，刷新内政，重整军备，并进而招辑流亡使其来归，共抗清兵，则收回河北，恢复北京，非不可能也。

但是，可惜福王政府为奸党马士英、阮大铖等所把持。[⑯]他们不此之图，而梦想与清兵戮力同心，连兵西讨，问罪秦中。于是一面放逐忠臣史可法、刘宗周等，⑰企图转移政治的方向；一面派遣左懋弟等恭诣清廷，请命鸿裁，企图与清妥协。另一面则令左良玉的百万大军扼守武汉，防止李自成南窜，阻截张献忠东下，展开与清兵夹攻"流寇"的形势。这诚如多尔衮致史可法书所云："夫以中华全力，受制潢池。而欲以江左一隅，兼支大国。胜败之数，无待蓍龟矣。"

五 "敌国在萧墙"

一切都安排妥当，现在南朝的君臣，开始了骄奢淫佚的生活。据作者说：

当时，弘光皇帝，发布了征歌选舞的命令。"凤纸金名唤乐工，南朝天子春心动。""传凤诏，选蛾眉，把缰丝，骑骄马，催花使乱拥。"（《骂筵》）那些阉党余孽阮大铖之流，为了奉承圣意，"恨不能腮描粉墨，也情愿怀抱琵琶，但博得歌筵前垂一顾，舞裀边受寸赏，御酒龙茶，三生侥倖，万世荣华。这便是为臣经济，报主功阀。"（《选优》）他们手捧着皇帝的诏令，把一群群青春美女，"硬选入秋宫院门。"（《拒媒》）只顾着自己"迁旧秩，壮新猷"，"拜相与封侯"。（《迎驾》）哪管他"歌残舞罢锁长门，卧氍毹，夜夜伤神"。（《拒媒》）

现在，"旧吴宫，重开馆娃；新扬州，初教瘦马；淮阳鼓，昆山弦索；无锡口，姑苏娇娃。一件件，闹春风，吹暖响，斗晴烟，飘冷袖，宫女如麻。红楼翠殿，景美天佳，都奉俺无愁天子，语笑喧哗。"（《选优》）这正是"创业选声容，后庭花，又添几种"。（《骂筵》）

当时的官僚，"堂堂列公，半边南朝。"（《骂筵》）"干儿义子从新用，绝不了魏家种。"（同上）马士英加个阮大铖，便恰似"赵文华陪着严嵩，抹粉脸，席前趋奉，丑腔恶态，演出真鸣凤"。（同上）他们五夜征歌，千金买笑，"拆散夫妻惊魂迸，割开母子鲜血涌，比那流贼还猛，做哑装聋，骂着不知惶恐"。（同上）

不仅如此，他们又兴党狱，收捕复社诸生，摧毁文化，箝制舆论。"传缇骑，重兴狱囚，笑杨（涟）、左（光斗），今番又休。"（《逮社》）他们放出一群群"吠神仙，朱门犬"，"凶凶的缧绁在手，忙忙的捉人飞走。小复社，没个东林救，新马、阮，接着崔、田后。堪忧，昏君乱相，为别人公报私仇。"（《逮社》）

现在，在南朝的法庭前，"一个是定生兄，艺苑豪；一个是主骚坛，吴次老"。还有侯朝宗，也"池鱼堂燕一时烧"。（《归山》）现在，法官在说话。他说：

"为甚的，冶长无罪拘皋陶，俺怎肯祸兴党锢推又敲。大锦衣，权自操；黑狱中，白日照；莫教名士清流贾祸含冤也，把中兴文运凋。"（《归山》）

"俺正要省约法，画狱牢；那知他，铸刑书，加炮烙，莫不是，清流欲向浊流抛。莫不是，党碑又刻元祐号。这法网，人怎逃，这威令，谁敢拗；眼见复社、东林，尽入囹圄也，试新刑，搜尔曹。"（《归山》）

现在，"囹圄里，竟是瀛洲翰苑。"（《会狱》）"却也似武陵桃洞，有避乱秦人，同话渔船。"（同上）

当时四镇的将军们，他们为了争夺扬州，未曾出师先内乱。把一位督师史可法，弄得一筹莫展。我们听，史可法在怎样说：

"四镇堂堂气象豪，倚仗着恢复北朝。看您挨肩雁序，恰似好同胞。为甚的，争座位，失了同心好；斗齿牙，变了协恭貌。一个眼睁睁，同室操戈盾；一个怒冲冲，平地起波涛。没见阵上逞威风，早已窝里相争闹。笑中兴，封了一伙小儿曹。"（《争位》）

"俺只道，塞马南来把战挑，杀声渐高；却是咱兵自鏖。这时候协力同仇还愁少，怎当的阋墙鼓噪，起了个离间根苗。这才是，将难调，北贼易讨。"（同上）这才是"国仇犹可恕，私怨最难消"。（同上）

"这情形何待瞧，那事业全去了。""你（高杰）占住繁华廿四桥，竹西明月夜吹箫；他也想，隋堤柳下安营巢，不教你，蕃厘观，独夸琼花少，谁不美，扬州鹤背飘。妒杀你，腰缠十万好，怕明日杀声咽断广陵涛。"（同上）

这正是"局已变，势难支，踌躇中夜少眠时。自叹经纶空满纸"。"三百年事，是何人掀翻到此！只手儿怎擎青天，却莱兵总仗虚词。烟尘满眼野横尸，只倚扬州兵一枝。"（《移防》）

总之，当此之时，"京中事，似雾昏，朝朝报仇搜党人"。"小阮思报前仇，老马没分寸。三山街，缇骑狠，骤飞来，似鹰隼。""朝廷上，用逆臣，公然弃妃囚嗣君。报仇翻案纷纷，正士皆逃遁。寻冶容，教艳品，卖官爵，笔难尽。"（《草檄》）至于四镇的将军，他们只知争扬州，打内战，"何须问江北戎马，南朝旧例尽风流，只愁春色无价"。（《拜坛》）

像这样的情形，当然是亡国的现象。"眼看他，命运差，河北新房一半塌。承继个儿郎贪戏耍，不报冤仇不挣家，窝里财，奴乱抓。"（同上）

好梦难长，不到一年，为了争夺政权，左良玉反了。舳舻千里，杀向南京而来。他宣言要讨伐"替奸臣、复私仇的桀纣，媚昏君、上排场的花丑，投北朝、学叫马的夷、齐，吠唐尧、听使唤的三家狗"。（《截矶》）左良玉虽然到九江就病死了，他的儿子左梦庚还是继续挥军东下。这个消息，传到南京，马士英、阮大铖等阉党余孽慌了手脚。于是尽撤江北的国防军队，南调长江，进行内战。但是当时清兵发动了两路攻势，一路由山西入陕西，扫荡李自成；一路由河南入安徽，南征福王政府。马、阮也明知江北的军队一撤，则无异开门迎敌。所以当他们调兵之前，马士英与阮大铖曾作如此的商量：

> "（马）倘若北兵渡河，叫谁迎敌？
> "（阮）北兵一到，还要迎敌么？
> "（马）不迎敌，更有何法？
> ……
> "（阮）（作扫衣介）跑，（又作跪地介）降。
> "（马）说的也是，大丈夫烈烈轰轰，宁可叩北兵之马，不可试南贼之刀。吾主意已决，即发兵符，调取三镇便了。"（《拜坛》）

于是"发兵符，乘飞马，过江速劝黄、刘驾；舟同济，舵又同拿，才保得性命身家"。（同上）这正是："暗放北兵"，"明弃淮扬"，"调镇移防"，"敌国在萧墙"。（《赚将》）

六 "拉不住黄袍北上"

"鹬蚌持，渔人候，傍观将利收。英雄举动，要看前和后。"(《截矶》) 果然，清朝的大军，乘虚而入，渡淮河，逼扬州。当时守扬州的残兵，都是"降字儿横胸，守字儿难成"。(《誓师》) 史可法虽然想死守这座危城，"奈人心俱瓦崩……协力少良朋，同心无弟兄……都想逃生，漫不关情；这江山，倒像设着筵席请。"(同上) 但是史可法是一个至死不投降的民族英雄，他仍然指挥他的军队与敌人死战。他下令曰："上阵不利，守城。""守城不利，巷战。""巷战不利，短接。""短接不利，自尽。"(同上) 然终以众寡不敌，扬州陷落，史可法以身殉国。这正是："累死英雄，到此日，看江山换主，无可留恋。"(《沉江》)

扬州一破，清朝的大军遂乘胜南下，陷六合，逼芜湖，克镇江，迫南京。现在，南朝的君臣停了内战，歇了歌舞，开始逃亡的生活了。

首先开跑的是弘光帝。你看他："听三更漏催，听三更漏催，马蹄轻快，风吹蜡泪宫门外……趁天街寂静，趁天街寂静，飞下凤凰台，难撇鸳鸯债……似明驼出塞，似明驼出塞，琵琶在怀，珍珠偷洒。"(《逃难》)

其次是马士英，他"报长江锁开，报长江锁开，石头将坏，高官贱卖没人买"。于是"快微服早度，快微服早度，走出鸡鹅街，隄防仇人害……要随身紧带，要随身紧带，殉棺货财，贴皮恩爱"。(同上)

现在的阮大铖，也顾不得"恋防江美差，恋防江美差，杀来谁代，兵符掷向空江濑"。(同上) 他以前"受千人笑骂，受千人笑骂，积得些金帛，娶了些娇艾"。(同上) 到今日，"叹十分狼狈，叹十分狼狈，村拳共捱，鸡肋同坏。"(同上)

那些宫女们，"正清歌满台，正清歌满台，水裙风带，三更未歇轻盈态。"(同上) 现在也只有把"这笙歌另卖，这笙歌另卖"。(同上)

那些妓女们，"舍烟花旧寨，舍烟花旧寨，情根爱胎，何时消败。""望荒山野道，望荒山野道"，"便天涯海崖，便天涯海崖"，"铁鞋踏破三千界"，"行路难时泪满腮。"(同上)

那些书生们，"整琴书幞被，整琴书幞被，换布袜青鞋，一只扁舟载。"（同上）

牢狱打开了，"众囚徒四散，众囚徒四散。"到今日，才"三面网全开"。（同上）

"看逃亡满街，看逃亡满街，失迷君宰，百忙难出江关外。"（同上）

"望烟尘一派，望烟尘一派，抛妻弃孩，团圆难再。"（同上）

"这情形紧迫，各人自裁，谁能携带。"（同上）

现在清朝的大军，逼近了城门。那些来不及逃亡的官僚们，他们"望风便生降，望风便生降，好似波斯样。职贡朝天，思将奇货（弘光帝）擎双掌；倒戈劫君，争功邀赏。顿丧心，全反面，真贼党"。（《劫宝》）这正是："休教铁锁沉江底，怕有降旗出石头。"（《修札》）

清朝的大军在迎降的队伍中，走进了繁华的南京。而福王也被俘北狩了。黄得功将军，虽然"平生骁勇无人挡，拉不住黄袍北上，笑断江东父老肠"。（《劫宝》）

现在的南京啊！已经不是当时的情境了。我们看：

在这里，"残军留废垒，瘦马卧空壕，村郭萧条，城对着夕阳道。"（《余韵》）

望明陵："野火频烧，护墓长楸多半焦。山羊群跑，守陵阿监几时逃。鸽翎蝠粪满堂抛，枯枝败叶当阶罩；谁祭扫，牧儿打碎龙碑帽。"（同上）

当时的宫殿，到现在，"横白玉八根柱倒，堕红泥半堵墙高。碎琉璃瓦片多，烂翡翠窗棂少。舞丹墀燕雀常朝，直入宫门一路蒿，住几个乞儿饿殍。"（同上）

"问秦淮旧日窗寮，破纸迎风，坏槛当潮，目断魂销。当年粉黛，何处笙箫。罢灯船，端阳不闹；收酒旗，重九无聊。白鸟飘飘，绿水滔滔，嫩黄花有些蝶飞，新红叶无个人瞧。"（同上）

"你记得，跨青溪，半里桥，旧红板，没一条。秋水长天人过少，冷清清的落照，剩一树柳弯腰。"（同上）

"行到那旧院门，何用轻敲，也不怕小犬哼哼。无非是枯井颓巢，不过些砖苔砌草。手种的花条柳梢，尽意儿采樵；这黑灰，是谁家厨灶？"（同上）

想当年，"金陵玉殿莺啼晓，秦淮水榭花开早；谁知道，容易冰消。眼看他，起朱楼；眼看他，宴宾客；眼看他，楼塌了；眼看他，兴党狱；眼看他，起内哄；眼看他，逃跑了。"（同上）现在"那乌衣巷不姓王，莫愁湖鬼夜哭，凤凰台栖枭鸟。残山梦最真，旧境丢难掉。"（同上）胡骑驰逐，"舆图换藁"，汉奸横行，洪承畴来了。这正是：

"前一番，后一遭，正人邪党，南朝接北朝。"（《入道》）

三月二十日，一九四四年

原载一九四四年四月十五日《群众》周刊第九卷第七期，署名：商辛。本文选自《翦伯赞史学论文选集》第一辑，人民出版社一九九〇年版

注释

①据孔尚任《出山异数记》所载，康熙二十三年（公元一六八四年），即康熙首次南巡之年，孔尚任年三十七岁。由此上推，因知孔氏生于顺治五年（公元一六四八）。

②《桃花扇》末出《余韵》老赞礼白云："今乃戊子年九月十七日，是福德星君降生之辰，我同些山中社友到福德神祠祭赛已毕，路过此间。"又同出《神弦》歌词中有云："新历数，顺治朝，岁在戊子九月秋十七日，嘉会良时……我与尔较生辰，同月同日。"按《桃花扇》中的老赞礼，是孔尚任自己现身说法。老赞礼的生辰，就是孔尚任的生辰，所以知道他是生于九月十七日。

③据人民文学出版社一九六二年出版的《桃花扇·前言》所记，孔尚任卒于康熙五十七年戊戌（一七一八年）春，年七十岁。

④见孔尚任《出山异数记》。

⑤收入《昭代丛书》。

⑥孔尚任：《小忽雷》传奇卷首题词。

⑦收入刘葱石《暖红室传奇汇刻》。

⑧侯朝宗，名方域，河南商丘人也。祖执蒲，为明太常寺卿。父恂，为明户部尚

书，皆系东林党人。朝宗在明为诸生，顺治七年辛卯举副贡。生于明万历四十六年戊午，卒于清顺治十一年甲午，年三十七。著有《壮悔堂文集》《四忆堂诗集》。其事迹详贾开鲁、田兰芳所作传，及侯恂所作《年谱》。据《年谱》："崇祯十二年，方域二十二岁，入南雍应南京试，交陈公子定生、吴秀才次尾及南中诸名士主盟复社。"宋荦雪园《五哀诗序》云："往余乡有雪园社，即江南之复社也。"即因主盟复社，遂以四大公子之一闻于当时。四公子者，即桐城方密之（以智）、阳羡陈定生（贞慧）、如皋冒辟疆（襄）并朝宗为四人。

⑨余怀《板桥杂记》云：李香君"年十三，亦侠而慧。从吴人周如松受歌，玉茗堂四梦，皆能妙其音节。尤工琵琶。与雪苑侯朝宗善，阉人兒某者（阮大铖）欲纳交于朝宗，香君力谏止不与通。朝宗去后，有故开府田仰，以重金邀香，香辞曰：'妾不敢负侯公子也。'卒不往。"

⑩《桃花扇小引》。

⑪天启朝宦官魏忠贤，保母客氏，朋比擅权，当时趋炎附势者多窜身于妇寺，向两家称干儿。据《明史》所载：魏忠贤的私党有"左右拥护"，"五虎"，"五彪"，"十狗"，"十孩儿"，"四十孙"。阮大铖其干儿之一也。

⑫崔，田者，崔呈秀，田尔耕也，皆阉党之凶残者。

⑬明代有东厂、西厂及内厂，皆系不属于刑部之黑狱。当时东厂、西厂番役横行，日以快私仇，行倾陷为事，投匦告密日夜未已。凡所缉捕，无论虚实，辄糜烂，当时正人君子多被其毒。

⑭南都初建大事日表：崇祯十七年四月二十七日，以迎立福王告于庙。四月二十九日，徐弘基等迎王于江浦。五月初一日，王谒孝陵毕，驻跸内守备府。初二日，众臣劝进，王辞让，称监国。

⑮南都初建大事日表：初五日，以史可法、高弘图为大学士，入阁办事；马士英为大学士，仍总督凤阳等处军务。初七日，以姜曰广、王铎为大学士，入阁办事，曰广辞。以吕大器为吏部左侍郎。初八日，召前都察院左都御史刘宗周复官，辞，不受。初八日，分江北为四镇，以黄得功、刘泽清、刘良佐、高杰分统之。杰驻徐州，良佐驻临淮，泽清驻淮安，得功驻庐州，设督师于扬州，节制诸镇。初九日，马士英率兵入朝。十一日，众臣劝进，笺三上，王许之。十二日，史可法自请督师江北，许之。十五日王即位，以明年为弘光元年。

⑯南都初建大事日表：十六日，马士英入阁办事。仍掌兵部尚书事。

⑰史可法陛辞出京，督师扬州。

答费正清博士

郭沫若

亲爱的费正清博士：

时间跑得很快，我们分手差不多要到半年了。我和我的朋友们时常在思念你，希望有一天能够和你再见。我们相处得虽然并不久，你所留给我们的友谊却十分深切。听说你很忙，我们都很高兴，而且很羡慕：你能把你的时间有效地用在反法西斯的事业上①是多么幸福的事啊！而我们是望着无限的工作，拱着手闲散。这痛苦实在是没有方法可以表现得出。

你从新德里给我的信，我早就接到了。《远东季刊》（*The Far Eastern Quarterly*）和德佛朗西斯（De Francis）氏的《中国语的拼音化》（*The Alphabetization of Chinese*）也先后奉到，我很感谢你。近几个月来，我在研究明朝末年的历史，读了一些古书，打算把李自成所代表的农民运动写成剧本，因此把写回信的事情拖延下来了，要请你原谅。我的剧本计划遭了打击。原因是三月十九日是明朝灭亡三百年祭的纪念日，我在《新华日报》副刊上发表了一篇纪念文字，不料竟遭应该以革命为生命的某报②于三月二十四日用社论来作无理取闹的攻击。我们的官方最近答复贵国的舆论时，说我们中国最民主，言论比任何国家都还要自由，这是多么有趣的事呀。我所写的本是研究性质的史学上的文字，而且是经过检查通过了的，然而竟成了那么严重的问题。这样的言论自由真真是世界上所没有的啊。但我并不萎缩，我只感觉着论客们太可怜了，竟已经到了歇斯底里的地步。我的计划，停一下还是要用全力来实现它的。我不久便打算下乡，仍回到你去年到过的我乡下的寓里从事写作。

你给我的信里面所陈述的一些意见，我大抵表示同意。我想，我们每一个人都应该站在人民立场而思索，而行动。假使大多数的人能够办到这样，今后的人类生活或许可以更幸福一些吧。人类争求理性的解放已经有了几千年的历史，然而不幸的是仍然把杀人竞赛视为英雄事业。这种循环性的兽性谋叛，在这次的战争后应该使它绝迹了吧。民族自决是必要的，但不能以民族自荣为本位，而应该以人民共荣为本位。今后的一切设施，如不从人民共荣的观念出发，而依然局限于有限制性的私利打算，将来的战争仍然不能避免。这一次世界大战的罪恶，绝大部分的责任，固然当由轴心国家担负，但在民主国家方面，在促进法西斯主义的发生与发展上，在使战争终于爆发了而未能于事前制止或限制上，也不能说没有过失。战争给了我们以铁火的教训，我们的理性似乎可以获得大规模的进展了。各个民族中负领导责任的人士，实在是应该多加思索。

我们中国应该改革的事情尤其是多到无以复加，政治的民主化与产业的现代化必须同时进行，这实在是很艰巨的工作。有好些人的法西斯式的头脑，要肃清起来，恐怕比肃清德国人的和日本人的，还要困难。人民的力量太薄弱了，教育的不普及和方块字的障碍互为因果地为法西斯思想酝酿出绝好的酒糟。无论新的东西或旧的东西都很容易为少数人的利益而魔术地加以歪曲。因此，我们除对新的加紧吸收消化外，对于旧的也还须加紧清理，有时清理旧的效果，比正确地介绍新的还要来得大。一个人总要先解除了本身的麻醉或耳目的蒙蔽，对于客体也才能有新鲜的感觉。故我们多少还是在做着清道夫的工作的。

但我们并不悲观，我们相信我们中国人一定会得到解放。中国经过近百年的努力，虽然速度很慢，但始终在向着解放的目标前进。例如被人认为标准的单音系的文字和语言，事实上在近年来，已经充分地在复音系化了。从前用一个字或一个音表现的事物，现在差不多都使用复音。这是必然的趋势，在前并不曾经过任何人的计划或约束。只是速度还嫌太缓慢，举凡一切自然发生的过程都是这样，只要政治能上轨道，加以有意识的有计划的推进，那速度一定是大有可观的。苏联的史实早替我们把这个信念证实了。因此，便是被人认为极困难的文字拼音化问题，其实也并不是怎么样的难事。

不过我们还须得不断地努力斗争，而且也需要国际的友人帮助。中国如果近代化了，民主化了，中国人对于世界文化必然能有一番新的贡献的。我们大家也在向着这个目标努力。

本内特（Bennett）③先生的译文极精确，如有机会，请代为转达鄙意，作为《武昌城下》的作者，我感受着很大的光荣。

德佛朗西斯先生的文章，我很想托友人把它翻译成中文，如方便亦请代求同意。

末了，祝你健康。

一九四四年四月二十一日

收《郭沫若全集·文学编》第十九卷，

人民文学出版社一九九二年一月版

注释

①费正清，作者原注：这是美国人 Furhank 自用的汉名，在清华大学教过书。抗日战争时期在重庆任美国新闻处处长，当时和我们有些往来。他是在文化上做情报工作的。这封信本想删去，但因为保留着当时的一些事迹，故仍保留。

作者原注：当时的美国尚在反法西斯的战争中。

②作者原注：指国民党党报《中央日报》。

③作者原注：此人把我的《武昌城下》译成了英文，登在上述《远东季刊》上。

关于李岩

郭沫若

前年（一九四四）我曾写《甲申三百年祭》一文，关于李岩与红娘子的逸事有所叙述，颇引起读者的注意，但因参考书籍缺乏，所述亦未能详尽。

特别关于李岩，我对他有一定的同情。他以举人公子身份而终于肯投归李自成，虽说是出于贪官污吏的压迫，但在他的思想上一定是有相当的准备的。查继佐的《罪惟录》里面有极重要的这么一句："李岩教自成以虚誉来群望，伪为均田免粮之说相煽诱。"（《传三十一·李自成》）"均田"两个字是其他的资料所没有的，虽然仅只两个字，却把李岩的思想立场表示得十分明白。这足证明李岩确不是一位寻常的人物。可惜运动失败，关于这种思想上的更详细的资料，恐怕无从获得了。

无名氏《梼杌近志》中亦有李岩遗事一则，言其夫人汤氏劝李岩不得，自缢而死，死时尚有绝命词一首。这倒是绝好的戏剧或小说的材料，我把它补抄在下边。

> 崇祯末，流寇四起，绳妓红娘子乱河南，杞县举人李信（李岩原名）去，强委身事之。信不从，逃归。有司疑信，执下狱。红娘子来救，城中民应之，信仍归红娘子。遂与李自成约为兄弟，决意为逆。李信妻汤氏劝不听，缢于楼，面色如生，未识何时死。乃出约队，复入殓之，得绝命词一首云："三千银界月华明，控鹤从容上玉京，夫婿背侬如意愿，悔将后约订来生。"信得诗，大恸欲绝。

这大约有所根据，不是出于虚构。即便是出于虚构，也觉得是很有趣味的材料。

吴梅村的《鹿樵纪闻》，也提到李岩、红娘子，但很简略，与《明史·李自成传》中所述无甚出入，或且即为《明史》所本。

照《梼杌近志》看来，李岩与红娘子是成为了夫妇的。红娘子的后事是怎样，可惜无从知道。近见苏北出版社的平剧《九宫山》（击楫词人试编），主要是根据《甲申三百年祭》改编的。作者让红娘子劫狱之后，向李岩求婚不遂，遂拔剑自刎。这虽然也是一种处理法，但觉得未免太干脆了。主要该由我负责，因为在我写《甲申三百年祭》时还没有见到《梼杌近志》。

我自己本来也想把李岩和红娘子的故事写成剧本的，酝酿了已经两年，至今还未着笔。在处理上也颇感觉困难。假使要写到李岩和牛金星的对立而卒遭谗杀，那怕是非写成上下两部不可的。

一九四六年二月十二日夜于重庆

本文选自人民出版社二〇〇四年版单行本《甲申三百年祭》

《历史人物》序（节选）

郭沫若

  《甲申三百年祭》是曾经引起过轩然大波的一篇文章。主要的原因就是因为我同情了农民革命的领导者李自成，特别是以仕宦子弟的举人而参加并组织了革命的李岩，这明明是帝王思想与人民思想的斗争，而这斗争我们还没有十分普遍而彻底地展开。

  关于李岩，我们对于他的重要性实在还叙述得不够。可惜关于他的资料是毁灭了，我们可以坚决地相信，他一定是一位怀抱着人民思想的人，须知他是主张"均田"的。惟其这样，所以他能够与李自成合伙，他的参加农民革命是有他自己的在思想上的必然性，并不是单纯的"官激民变"。

  认识了李岩的这层重要性，我们请把他和约略同时的一些学者或思想家来比较一下吧。例如顾炎武在前是被视为承先启后的一大鸿儒，特别被人尊重的是他有民族思想，他不受清廷的羁縻，而且还有组织地下运动的传说。但他对于李自成是反对的，可以证明他只有民族思想而无人民思想。

  又例如王船山，他在思想史上的重要性近来是够被强调着，骎骎乎驾诸顾炎武之上了。他的民族思想也异常强烈，曾参加南明的抗清斗争，明亡隐于苗洞，艰苦著书，书也到了两百年后才为曾国藩所刊行。这些往事的确足以增加人对于他的尊敬。然而在我看来，他也只富于民族气节而贫于人民思想。

  这儿有这么一段事实。张献忠到了湖南，慕王船山的大名，特别礼聘他，请他参加他的队伍。王船山躲起来了，不肯和"草寇"合流。张献忠使用绑票的方式把王船山的父亲捉了来，要挟他。弄得王船山没法，只好毁伤自己，被肩舆抬着去见张献忠。张献忠看他那样固执，便把他父子一同释放了。据这个故事看来，我们可以了解张献忠也并不如一般传说所讲的那么糊涂，而王船山的固执倒是可以惊人的。请把这种态度和李岩比较一下怎样呢？李岩不是可以更令人向往的吗？

我本来想把李岩写成剧本的，但没有成功。已经有好些朋友把《甲申三百年祭》写成剧本了，可以省得我费事。不过我还有一种希望，我们应该把注意力的焦点，多放在李岩的悲剧上。这个人我们不要看他只是一位公子哥儿的读书人，而是应该把他看成为人民思想的体验者、实验者。虽然关于他的资料已经遭了湮灭，在思想史上也应该有他的卓越的地位的。

一九四七年七月二十一日

收《郭沫若全集·历史编》第四卷，人民出版社一九八二年版

关于李自成死难地点的问题

郭沫若

　　一九五五年湖北通城县将修建传说死于通城九宫山的农民革命英雄李自成的墓，曾约我为该墓题词。锺龙保先生将这一事件的经过在《光明日报》"史学"双周刊第七八期（一九五六年三月十五日）上作了介绍，并附有新墓照片。近据《历史教学》编辑部、湖北师专历史系、武汉大学历史系及金毓黻先生的考证，认为李自成死难地点应为湖北通山县，而非通城县。这一考证，确实有据，是可以信赖的。我为通城县李自成墓所作的题词，及在《甲申三百年祭》中说李自成"牺牲于湖北通城九宫山"都是根据旧有的传说，应予以注销并改正。现由《历史研究》编辑部将《历史教学》编辑部等的考证材料汇集发表，以供参考。

一九五六年五月十八日

收《郭沫若全集·历史编》第三卷，人民出版社一九八四年版

我根本不相信这个传说

郭沫若

由沙市到长沙足足费了两天工夫，但沿途的情形已经很模糊了。

途中经过了一些山路，自然是有些秋景的，如像霜林红叶之类，但没有留下怎么深刻的印象，也没有感触到有什么风景特别秀逸的地方。澧水和沅水是渡过了，所谓"澧有芷兮沅有兰"的那种芬芳气韵，却也丝毫没有嗅到。

……

过益阳的时候，渡过了资水，在一段高地上有座宏大的白鹿寺，隔江和县城对峙。周围松柏挺立，颇占形势。公路经历其下，是一个站口。我们的卡车也停下来休息了好一会。这白鹿寺据说是李自成失败后逃来做过和尚的地方，照道理当然是值得去登临了。但不幸的是我根本不相信这个传说，因此我在心理上起了一种反驳，竟连那寺门都没有去瞻仰一下。

李自成失败后，最后走到通山县的九宫山，仅带着少数随从，脱离了队伍，遂为当地的地主势力所杀害。根本没有经过这儿。他所留下的农民队伍还不少，是由他的高氏夫人和侄子李过率领着，加入了南明，归何腾蛟节制，一直抗清到底。李自成本人哪里会中途落伍，跑来当和尚呢？有的人认为这是读书人怀念李自成，本悼惜英雄之念，不忍说他被杀，故假托为僧，予以善终。这样说来，倒好像还是有良心的读书人的一片好意了。但其实是受了奴才教育的无聊的读书人，对于李自成的诬蔑，企图泯灭叛逆者之异志，以直接间接效忠于本朝而已。

节选自《洪波曲》第十四章《流亡》，收《郭沫若全集·文学编》第十四卷，人民文学出版社一九九二年九月版。标题为编者所加

难忘的往事

于立群

在纪念毛主席诞辰八十五周年之际，《人民日报》编辑部决定发表毛主席于一九四四年十一月二十一日给郭沫若同志的一封信，并希望我能写点东西，记述和这封信有关的往事。对于这个希望，我确实感到难于承担。我很后悔当时没有能够把那些珍贵的历史事实都详细记录下来，现在只能凭借手边有限的一些资料，把记忆中的情节连贯起来，试着把那些难忘的往事记述在这里，作为对毛主席、周总理和许多故去了的老一辈的无产阶级革命家的怀念。

一九四四年八月下旬，郭老收到了周恩来同志从延安托专人带来的《屈原》和《甲申三百年祭》的单行本。郭老当天即给毛主席、周副主席和许多在延安的朋友一一致函，感谢他们的鼓励和鞭策。十二月，郭老收到了毛主席十一月二十一日写的复信。

毛主席复信中谈到的《甲申三百年祭》，是郭老在当年春天为纪念明末李自成领导的农民起义胜利三百周年而作的长文，脱稿于三月十日。经过几天修改，郭老把他送交当时在重庆的董必武同志审阅。没有想到，交稿后的第三天，《新华日报》就全文连载了。自三月十九日刊出，连载四天，到二十二日全部载完。文章一发表，国民党方面立即有人出来干预，说这篇东西是"影射当局"。三月二十四日，国民党的《中央日报》竟专门发了一篇社论进行攻击。反动派的尴尬实在令人悯笑，自然这也正从反面证明，这篇文章写对了。敌人感到窘迫，而人民是欢迎的。

不过，郭老更没有想到，仅隔二十天，毛主席就在《学习和时局》的报告中提到这篇文章，指出："我党历史上曾经有过几次表现了大的骄傲，都是吃了亏的……全党同志对于这几次骄傲，几次错误，都要引为鉴戒。近日我们印了郭沫若论李自成的文章，也是叫同志们引为鉴戒，不要重犯胜利时骄傲的错误。"

不久，林伯渠同志自延安飞抵重庆。林老亲自告诉沫若同志，党中央、毛主席决定把《甲申三百年祭》作为整风文件，供党内学习，并且已经在延安和各解放区普遍印发。这些消息给郭老带来了极大的鼓舞，他从内心感到欣慰，他的这篇文章符合了党和人民的需要。

毛主席在信中所说"恩来同志到后"一事，是同年十一月间的事情。周恩来同志于十一月十日夜从延安飞回重庆。第二天，郭老在住处天官府四号，为刚从桂林抵渝的柳亚子先生洗尘，周恩来同志也赶来参加。席间，周副主席畅谈延安近况，件件振奋人心的消息，顿时给小小"蜗庐"带来了光明。郭老在事后追述道，由于周副主席的参加，"友朋皆甚热烈狂欢"。他并赋诗以纪念当夜的欢聚，纪念周副主席的归来，诗中称喻周副主席为手持火炬的人：

> 顿觉蜗庐海样宽，
> 松苍柏翠傲冬寒。
> 诗盟南社珠盘在，
> 澜挽横流砥柱看。
> 秉炬人归从北地，
> 投簪我欲溺儒冠。
> 光明今夕天官府，
> 扭罢秧歌醉拍栏。

毛主席在信中说大家都希望能见到沫若同志。郭老又何尝不是时刻向往着能再见到毛主席和延安的同志们呢！郭老和毛主席一九二七年在武昌分手后，十多年没有见面了。抗战爆发后，郭老只身从日本回到祖国。从那时起，他就一直渴望能够奔赴延安。那里有他阔别十年的北伐战友，那里是抗日救国的堡垒，是中华民族的希望。一九三八年，郭老曾作一首《陕北谣》，表达了他这种心情，其中写道：

陕北陕北朋友多，请君代问近如何？华南也想扭秧歌。

陕北陕北太阳红，拯救祖国出牢笼，新天镇日漾东风。

然而，当时在国民党统治区，这个愿望是无法实现的。郭老的行踪，一直受到国民党特务的严密监视。甚至每当暑季日军大轰炸，我们被迫到距离重庆市区才几十公里的赖家桥避居时，国民党特务便立即放风说："郭沫若要逃跑"，"要出青木关造反啦！"当时，我们只能翘首北望，却奋飞不得。为此，郭老曾无比感慨地说："此乃无望之望也。"

一九四五年，我们渴望见到毛主席的心情终于如愿以偿。抗日战争胜利后，毛主席不顾个人安危，飞赴重庆，参加国共两党谈判。郭老和我怀着兴奋和激动的心情赶到机场迎接毛主席。九月三日，我们接到通知说，毛主席下午要到天官府来，看望各界人士。朋友们立即奔走相告。后因当天有胜利大游行，车辆无法通行，聚会地点临时改在毛主席的住处。郭老和我立即动身，步行赶到主席住处。当时在座的还有翦伯赞、邓初民、冯乃超、周谷城等几位。

记得周谷老操着很重的湖南口音先问毛主席："过去您写过诗，现在还写吗？"

主席风趣地说："近来没有那样的心情了。从前是白面书生，现在成了'土匪'了。"

大家都笑了。

接着，毛主席便和大家畅谈起来。毛主席阐述了北伐战争失败的原因，并转身向坐在他左侧的郭老说：

"你写的《反正前后》，就像写我的生活一样。当时我们所到的地方，所见到的那些情形，就是同你所写的一样。"

毛主席分析了抗战胜利后的时局，谈到了人民渴望民主与和平的愿望，他明确地指出：

"共产党，是私的？还是公的？无疑是人民的，党的做法，应以人民的利益、社会的好处为原则。如果做来对这些都没有好处，我们就需要改正。"

最后，毛主席充满信心地对大家说：和平总是要到来的，然而要达到目的是很不容易的。

毛主席谈完后，又谦虚地征求大家的意见，请到会人士发表看法。

郭老听觉不好，特别用心地听着毛主席的每一句话，注视着毛主席的每一个手势。他看到，毛主席用的是一只旧怀表，会后便把自己的手表取下来送给了毛主席。

九月九日，郭老和我在红岩村再次见到毛主席和周副主席。晚餐时，大家谈起郭老在文化界应采取什么态度的问题，毛主席很同意郭老的见解，认为态度应该强些，不要妥协合作，要有斗争。毛主席说："前途是光明的，道路是曲折的。"

和毛主席的这几次见面，给我留下了终生难忘的印象。主席当时的形象，至今仿佛出现在我的眼前：穿着延安宽大的灰布制服，态度平静、谦虚，举止沉着、稳重，似乎总在不断地思考着问题，对前途充满了信心。

几十年来，特别是解放以后，郭老更不断得到毛主席的亲自指教。毛主席一九四四年写的那封信，一直激励着郭老不倦地努力研究和写作。毛主席在信中所谈关于研究太平军经验的问题，郭老始终放在心上。在重庆时，他就曾想动笔，但因资料不足，未能实现。六十年代初，郭老积累了一些材料，准备动手，由于种种原因，计划又未能实现。郭老不止一次地说过，这对于他来说，是一件极大的憾事。

一九七八年十二月二十四日

原载一九七九年一月一日《人民日报》

评《甲申三百年祭》

姚雪垠

一

在现代中国学者所写的历史著作中，影响最广泛最巨大的要算《甲申三百年祭》。它不仅影响了历史学界，而且在广大读者中也深入人心。直到郭沫若同志死后，《甲申三百年祭》的影响不衰，有的悼念文章仍然将这本小册子作为他在史学上的重要贡献。

我因为写《李自成》这部小说，不能不同《甲申三百年祭》发生关系。一九五七年秋天我被错划为"右派"，刚挨过一阵批斗之后，我开始下决心动笔写《李自成》。当时我处于被孤立的境况；没有资格借图书资料，没有资格和别人交换意见，而且也不能让别人知道我又在写小说，"反党、反社会主义"之心不死。当时摆在我面前的一个重要问题是要不要跟着《甲申三百年祭》的见解走。跟着走，是一条最轻松、最保险的道路。然而我考虑结果，决定不跟着《甲申三百年祭》走。

《李自成》第二卷出版之前，中国青年出版社文学编辑室按照当时习惯，将清样送给北京某工厂一有名的工人评论组请提意见。后来在提意见的座谈会上，我看见大约有一半以上的工人同志面前都摆着一本《甲申三百年祭》。大家对我提过意见之后，有一位工人同志问道："你在小说中的许多看法怎么和郭老的《甲申三百年祭》不一样？"由于《甲申三百年祭》是毛主席肯定的书，我当时还不敢完全说出我对此书的批评意见，但又不能不回答工人同志当面提出的问题，只好简单地说明我的看法。工人同志们没有继续问，看来是他们觉得我的看法也有道理。看当时参加座谈会的工人同志许多人面前都摆着一本《甲申三百年祭》，希望以此书为依据，对照我在小说中如何处理某些人物和事件，可以说明这本小册子在群众中所具有的权威性质。

《李自成》第一卷修订本于一九七七年出版后，有一位读者从福建给我写一封长信，表示同意我在修订本前言中提出的论点，但是他感到奇怪，向我问道："像李岩和红娘子都是家喻户晓的人物，为什么你对李岩提出疑问而对红娘子不承认历史上曾有其人？"我回信说，他所说的"家喻户晓"是一个虚假现象。我青年时期在杞县城内住过三次，长则半年以上，短则三月，从来没听人谈过李岩和红娘子。我的生长在杞县城内的老朋友也不知道李岩和红娘子的故事。从四十年代开始，由于《甲申三百年祭》的发表和流行，李岩和红娘子的故事才变为"家喻户晓"。

一九七七年一月，我将第一卷修订本《前言》的打字稿寄一份给郭沫若同志，在信中说：

> 今寄上第一卷修订本《前言》一稿，请您看看。其中谈一些历史问题，我没有十分把握。"四人帮"的御用笔杆子们大谈李自成反孔，实际根本没有那么回事儿。李自成正像朱元璋一样，不惟不反孔，反而尊孔，使孔、孟为其政治斗争服务。《前言》中关于对刘宗敏和李信的评价，和您从前的意见相违，正如西哲之言曰：我爱我师，我更爱真理。这也算学生同老师争鸣吧。不妥之处，也请赐教，以便改正。

郭沫若同志在病中给我写来热情的回信，说道："《前言》，我一口气读完了。我完全赞成您的观点。祝贺您的成功，感谢您改正了我的错误。"可见，郭沫若同志直到生命的最后一两年，在学术上不固执己见，只要别人批评得对，他愿意虚心接受。这一点很值得我们学习。在我写这篇批评《甲申三百年祭》的文章时，我对他的勇于承认错误的态度怀着感动和敬佩之情。

二

关于《甲申三百年祭》这本小册子，自从一九四四年在重庆《新华日报》

发表以后，我一直认为它是作者在匆忙中赶写成的，不是严肃的历史科学著作。后来随着我读书渐多，才明白作者写这样重要的历史问题竟然所参考的史料很少，而且对翻阅的极少史料也没有认真研究、辨别真伪，轻于相信，随手引用，然后在此基础上抒发主观意见，草率论断。现在我仅就相关几个问题来说明我的看法。

先以李岩的问题为例。作者对李岩推崇备至，评论说："有了他的入伙，明末的农民革命运动才走上了正轨。"又说："在李岩入伙之后，接着便有牛金星、宋献策、刘宗敏、顾君恩等的参加，这几位都是闯王部下的要角。从此设官分治，守土不流，气象便迥然不同了。"这都是出自作者臆断、捕风捉影的话。实际情况是：刘宗敏是李自成的生死与共的多年伙伴，到崇祯十三年冬天才有牛金星和宋献策参加，而顾君恩是在崇祯十六年正月李自成破承天时才参加的。李岩假若确有其人，也应在牛、宋之后。牛金星等参加之后，李自成也没有设官分治，建立根据地，这是李自成失败的主要原因。他真正注意设官分治，是从崇祯十六年春天开始。但因为军事进展很快，各处地方政权没有机会巩固。

郭沫若同志评价说："有了他的入伙，明末的农民革命运动才走上了正轨。"这一论断，不仅是没有考察现存的历史资料，而且抛弃了历史唯物主义的起码原则。一九六四年春天我在《羊城晚报》上发表了一篇《我所理解的李自成》，尽管我当时对有关李岩的伪史误传尚未作深入研究，但是我根据史料说明李自成在入豫前的成熟情况，然后对郭沫若同志的论断作了如下的批评：

> 在对李岩的评价上，郭老说："有了他的入伙，明末的农民运动才走上了正轨。"这些意见，二十年来在我国史学界和知识界发生了很大影响，笔者从来不敢赞同。且不说不应该把一代波澜壮阔的阶级斗争和农民战争的发展归功于一个大地主大官僚家庭出身的知识分子的个人作用，更不用说从现存许多文献资料的综合分析中得不出这个结论，我们只谈一个较简单的问题，过分强调个人的作用就没法说通。例如，从李自成入河南到破洛阳，一百天左右时间人马突然扩充到据说五十万，即使打个大折

扣，少说也有二三十万。这样新扩充的大军，纪律很不坏。倘若李自成不接近成熟，倘若他没有一群接近成熟的骨干将领，单凭李岩的一句话能做得到么？而且，一支大军纪律的形成，不仅需要它的统帅和大批将校的成熟，也需要广大士兵有一个共同的斗争目标，有一定程度的政治觉醒……（请参看上海文艺出版社出版的《关于长篇历史小说〈李自成〉》一百三十三——一百三十八页）

关于这个问题，我在《〈李自成〉第一卷修订本前言》中说得明白：

李自成本人及其部队的成熟，取决于本身的内在条件，即李自成和他的主要骨干的阶级出身、斗争经历和政治觉悟程度；在长期阶级斗争中广大群众的痛苦、希望、政治动向等对他们的推动力量；还有他们自己在走向成熟的过程中所发挥的主观能动性。

李信投入李自成军中，可以在某个方面起一定的推动作用，但是绝不会成为决定性作用。只有参加农民革命的人民群众创造农民革命战争的历史，决定历史运动的进程。

……把李自成及其部队贬得很低，认为李信去了后才使李自成不乱杀人，执行一些新的政策，同时改造了他的部队面貌，这是出于封建地主阶级的偏见和成见，将历史颠倒。其实，要证明李自成及其老八队早就不同于其他各营起义领袖与部队，而李信在大顺军中没有建立特殊功勋，没有受到特别重用，史料并不缺少，认真对现存史料进行一番调查研究，就会清楚。郭沫若同志对于李岩的死，评价得更为不实事求是，为后来史学界出现的所谓"以论带史"或"以论代史"开了风气。他说：

这无论怎么说都是一场大悲剧。李自成自然是一位悲剧的主人，而从李岩方面来看，悲剧的意义尤其深刻。假使初进北京时，自成听了李岩的话，使士卒不要懈怠而败了军纪，对于吴三桂等及早采取了牢笼政策，清人断不至于那样快地便入了关。又假使李岩收复河南之议得到实现，以李岩的深得人心，必能独当一面，把农民解放的战斗转化而为种族之间的战争。假使形成了那样的局势，清兵在第二年绝不敢轻易冒险去攻潼关，而在潼关失守之后也绝不敢那样劳师穷追，使自成陷于绝地。假使免掉了这些错误，在种族方面岂不也就可以免掉了二百六十年间为清朝所宰治的命运了吗？就这样，个人的悲剧扩大而成为了种族的悲剧，这意义不能说是不够深刻的。

作者在这段评论中用了四次"假使"，这根本不是严肃的历史科学态度。一切历史问题的论断只能建立在经过考订无误的历史资料上，而不能建立在史学家随意想象的"假使"上。任何历史上的重大事件都是受当时具体的和复杂的条件所决定，所制约的，形成了围绕事件本身的因果关系，而不能简单化和抽象化，更不能随便地运用"假使"。"假使"不是绝对不可用，但必须有一个前提条件，即是在评论者真正掌握了大量的、具体的、确实无误的、与各方面有关的历史资料之后，方可提出来科学性的假设。可惜《甲申三百年祭》并非如此，而是和严肃的历史科学家们所持的治学态度和治学方法背道而驰。

我们暂时不谈李岩这个人物的存在问题，纵然按照郭沫若同志所相信的那一点儿历史资料，也决不会得出上述的推论。大顺军的失败是由多种因素形成的，出现了不容易挽回的历史形势。给李岩两万人马去河南，断不会扭转当时的历史形势。何况，山西很快被清兵占领，豫王多铎的大军很快从孟津过河，加上河南地方势力已经纷起反对大顺军，又很快投降清朝，两万大顺军随李岩（假若确有其人）到河南根本没有机会站立脚跟。这是历史的具体形势，不是空论。

我再谈一个具体问题，说明离开实事求是，单凭主观随意的抽象假设不可能得出正确的结论。郭沫若同志说：假使李岩回到河南，"清兵在第二年绝不敢轻易冒险去攻潼关"，等等。这样论断，完全不符合当时历史的具体情况。李自成在战场上连续挫败之后，全晋已失，被迫退回陕西。以当时城乡残破而不稳固的陕西一省（包括今甘肃、宁夏和青海东部）对抗清兵（包括汉族投降的力量）的进攻，从人口、经济、现有兵员的人数、装备和士气等各种条件看，都处于绝对劣势。何况大顺军还有一部分被牵制在汉中到广元一带，与张献忠的大西军相持，不断发生战斗，而居住在河套一带的蒙古族也不肯同大顺军合作。从襄阳到承天（今钟祥）虽然尚在大顺军手中，但处于残明势力的包围之中，自救不暇，无力支持陕西。这就是当时的基本形势。郭沫若同志显然不曾研究这一基本形势，凭"假使"，空发议论。

再就具体战守情况看，全不是郭沫若同志所说的那么回事。当时清兵分南北两路对陕西进攻，用现在的术语就是钳形攻势。南路以豫王多铎为主帅，进攻潼关。北路以英王阿济格为主帅，进攻榆林。北路军分出一支偏师，进攻延安。李自成和刘宗敏亲自到潼关部署防守，与清兵相持于潼关城东南边的董社原，没有力量作有效的出击。清方有相当长的时间不进行猛攻，等待红衣大炮。等红衣大炮运到，情况对李自成守潼关很为不利。恰在这时，延安失守，被围在延安城中的李过突围，奔往榆林。此时兵力空虚的西安，北面暴露，没有兵力固守从延安到西安一路，而潼关突然在军事上失去作用。李自成在潼关得到延安失守的报告，同刘宗敏赶快将守潼关的部队撤归西安，只留下几千人交给不很重要的将领马世耀守潼关城。豫王多铎的大军没有遇到任何抵抗占领董社原，进驻潼关城西南十里处的金盆坡。马世耀伪降。多铎杀掉马世耀，同时全部消灭了几千大顺军，都没有经过战斗。李自成慌忙撤出西安，出蓝关，沿七盘岭山路向湖广方面逃跑，遇着大雪，行军困难，妇女老弱有不少死在路上。

郭沫若同志对上述情况看来全不了解，更不知道清兵偏师先破延安，使潼关失去军事价值。他关于李岩如回河南，清兵不敢进攻潼关的议论，全是空话。郭文之失，正是写历史论文不以史料为依据的当然结果。

《甲申三百年祭》一文所全面歌颂的英雄人物是李岩，最受作者同情和惋惜的是李岩，可惜作者没有想到李岩这个人物的存在尚有很大疑问，关于他的故事多系虚构。让我们在下边专就李岩的身世做点儿考察，第一步查一查他的家世。

三

李岩的故事是怎样编造出来的，由于文献缺乏，我现在尚不清楚。许多野史有一个来源，然后都是辗转抄袭，直到抄入《明史》的《流贼传》。假若李精白是一位"正人君子"，大概不会将李岩说成是他的儿子。纵然有了误传，在清初也会有有力者替他大声辩白，那样就不会以讹传讹，最后写入官修明史。

关于李岩，《明史》和清初的一些较有影响的野史都说他是杞县人，李精白的儿子。其实，李精白根本不是河南杞县人，他也没有一个儿子初名信，后改名岩，投了李自成的义军。据清道光年间纂修的《阜阳县志》卷十二说：李精白字盟素，远祖是山东曹州固村人，有一名叫李天的从徐达征元有功，授颖川卫右所小旗，升为总镇，后为颖州人。颖川卫籍附河南开封乡试，故精白为开封府籍，却不是杞县人。这部《阜阳县志》的记载是根据"旧志"，而"旧志"是根据《李家氏乘》。又，一九五八年修的《阜阳县志》卷十第十三编说："李精白号盟素，颖州城内人，万历癸丑进士，官至巡抚山东，（按即俗谓山东巡抚），都察院右佥都御史，人皆称都堂李家……"颖州的州治就是阜阳县，两部县志并无矛盾。旧志说他的字是盟素，一九五八年的新志说他的号是盟素，这是因解放后有许多人已经不明白字与号有区别，而号常指"别号"，不指字。根据新旧两志，李精白是阜阳人，家住城内，确凿无疑。

明初建立卫、所兵制，都指挥使司（简称都司）类似现代的省军区。朱元璋故意使都司与布政使司（类似现代的省政府）的辖区不一致，以求起到互相牵制的作用。颖州在行政上属于直隶凤阳府，在军制上属于河南都司。李精白世隶军籍，参加乡试另有规定："颖川卫籍附开封府乡试。故精白为开封府籍，非杞县人也。"这是旧《阜阳县志》中所附的李祖旦的话。李祖旦是阜阳本地人，康熙甲午年（五十三）举人，次年成进士，做过知县。他既是本地人，又是科举出身，距明末时间较近，对明末乡试"附籍"的规定清楚，所以他的话应该是可信的。

但是明末的开封是个大府，辖区共有四个州，三十个县。李精白在参加乡试的时候不是笼统地附籍开封府，而是要具体到开封府所属的某县。因此，康熙四十三年修的《开封府志》卷二十二《选举》中，在万历"癸丑科周延儒榜"一栏中记载："李精白尉氏人，仕至佥都御史。"这同样记载也见于《河南通志》卷四十五《选举》二。可见李精白参加乡试是附籍于开封府尉氏县。由于是"附籍"，不是真实籍贯，所以查阅道光十年修的《尉氏县志》卷八《选举表》中就没有李精白的名字。

我对于明代的科举制度没有详细研究，看来属于军籍的诸生在参加乡试时必须报"附籍"，而参加会试时既报"附籍"，也报本籍，以本籍为主。因此，在明代《历科进士题名碑录》中就不再说李精白是河南尉氏人，而明明白白地写道：

> 万历四十一年癸丑科周延儒榜
> 第三甲九十五名进士李精白，河南颍川卫军籍，直隶颍州人。

按李精白世袭的军籍属于河南行省的颍川卫，而按行政辖区则属于直隶的颍州。明代的直隶到清代废除，一般人俗称为南直隶，其辖区约等于今江苏、安徽两省。《历科进士题名碑录》的写法最为合理。李精白做过山东巡抚，所以《山东通志》卷四十九《历代职官》八，在天启朝中有他的名字，但是下注"颍川进士"却将颍州错为颍川。明代只有颍川卫，没有颍川。秦置颍川郡，郡治在今河南许昌一带，辖管区域在今河南省中部和东南部，阜阳也在它的辖区之内。唐朝废除了颍川郡，不应将明代的颍川卫误作颍川。所以"颍川进士"应是"颍州进士"之误。

李精白是不是兵部（或户部）尚书？不是。他是山东巡抚。明代的巡抚为着工作方便，照例挂一个像都察院这样的中央政府机关的官衔。李精白挂的是都察院右佥都御史，所以颍州本地称他的家为都堂李家。这是明代对都察院堂上官的称呼，与尚书没有关系。大概因为他首先为魏忠贤建生祠，肉麻地歌颂功德，得到魏忠贤的欢心，使他挂兵部或户部尚书衔。不久天启死，魏阉倒，他的官运也完。《明史·七卿表》中无李精白的名字，也可以证明不是什么真的尚书。

以上说明李精白与杞县毫无关系。那么，他有没有一个儿子名叫信改名岩？我可以肯定地回答：绝无其人！

李精白只有两个儿子：长名麟孙，次名鹤孙。鹤孙早死。麟孙后来改名栩，字蘧蘧，不喜读书，只捐个监生的功名。崇祯八年正月间高迎祥率领义军攻破颍州时，他事先逃往山东，事后回来即团练地主武装，同小股农民军作战，成为本地方一个有力量的武装头子，名义是"颍营都司"。崇祯十年八月与左衿王（疑即左锦王）的义军作战"有功"，被朱大典授予参将衔。崇祯十五年秋袁时中声言受明朝招抚，驻兵阜阳王老人集，请李栩议事，在酒席间将李栩杀了。关于李栩的事迹，详见道光年修《阜阳县志》卷十二《李栩传》

和所附康熙时人李祖旦所记，以及康熙时人范光阳的《双雪堂集》中的《李栩传》。范光阳的《李栩传》全文收入清末人朱兰坡所辑《国朝古文类钞》，以及俞樾的《荟最编》卷三，后来又摘引于俞樾的《壶东漫录》中的《李栩事存疑》一条。俞樾对这个问题一直很注意，后来在其所著《右台仙馆笔记》中详为辨析，并推论说："疑李精白为逆案中人，海内之所切齿，故一闻有李氏从贼者，皆曰此必李精白之子也。实则李精白之子是李栩而非李信。在修《明史》诸公，亦未知此耳。"

由于人们从维护封建纲常的正统观念出发，对"从贼"的李信误为李栩，颇为李栩不平。在纪晓岚的《阅微草堂笔记》中就记有李栩阴魂降坛的事，并写出四句十分愤愤不平的诗："此恨竟终古，无人一讨论。由来青史上，大半是冤魂！"（手头无《阅微草堂笔记》，此据《永昌演义》所引）。到了道光年间，相传安徽太和县知县某君，幕客中有能扶乩的，长夏无事，与诸友召乩仙以诗歌唱和为乐。有一天，召来一位乩仙，作诗云："城郭人民异昔时，战场衰草尚离离。平生家园无限恨，清颍亭边夜月知。"自署蘧蘧子。众人不知是谁。乩仙又写道："诸君不知有李栩乎？吾即栩也。"众人问道："敢问何时何地人？"于是乩笔写了他的身世，并且又写诗一首，即前所录的五言绝句。这个故事见于俞樾的《右台仙馆笔记》卷十六。扶乩的事当然是荒唐迷信。但是所谓李栩作为乩仙降坛，却包含着一个有实际意义的历史问题。有些人因将李信混为李精白儿子，写入《明史》，心知其非，且很为李栩不平。他们可能因为《明史》是钦定的官修史书，不敢公然指《明史》之非，就有好事者伪托李栩鬼魂降坛，自述其"冤"。

从以上论证，可见李精白既不是杞县人，也没有儿子名叫李信，他本人也不曾实任尚书。《甲申三百年祭》轻信某些野史和《明史·流贼传》，在运用史料时未加考订，沿袭荒唐谬说，且加宣扬，并在此基础上发表议论，以论代史，恐怕不能算是史学家应有的严肃态度。

四

我们已经知道李精白没有名叫李信的儿子，那么，杞县是不是有一个起义投闯的举人名叫李信？现在同样可以肯定回答：绝无其人。

关于杞县有没有李岩其人，最有说话资格的是当时当地人。杞县的邻县有个睢州（今睢县）。睢州有个叫郑廉的人，曾被李自成的部队掳去数月。他后来收集资料，写了一部《豫变纪略》，专记明天启六年到清顺治二年的河南民变，大部分是当时河南境内农民战争的有用史料，有些地方敢于不追随已经广为流传的野史之说。他在该书《凡例》中举李岩为例，说道：

> 如杞县李岩，则并无其人矣。予家距杞县仅百余里，知交甚夥，岂无见闻！即不幸而陷贼者（按包括作者自己），亦未闻贼中有李将军，杞县人。不知《明季遗闻》何所据而为此也。而《流寇志》诸书皆载之，不知其为乌有先生。为一粲然！

清初纂修的《杞县志》中附有一篇《李公子辨》，辨明杞县并无李公子名岩的人。这篇《李公子辨》也附在康熙三十四年纂修的《开封府志》卷四十的后边。未署作者为谁，我疑为郑廉所作。但郑廉的文集失传，不敢十分确定。这篇短文也附在郑廉的《豫变纪略》卷三中，但文字有删减，不如《开封府志》完整。现在将《府志》所附《李公子辨》抄在下边，供大家研究：

> 《樵史》谓杞有李公子名岩，与牛金星同为乙卯举人，其父甲科部属也。岩因发廪赈饥，致百姓杀宋知县，劫仓库，奉岩投李自成为谋士。弟牟亦为贼将。果有其人，则宜附贼臣传，夫复何辞！然阅时未久，故老尚存，其人其事影响全无，是不可不辨也。
>
> 谓其为乙卯举人，则乙卯杞惟刘诏一人而已。谓其父为甲科部属。则何部何名，□无凭据。况明季杞人并未有为部属者也。谓所杀宋知县也，则宋玫于崇祯元年自永城调杞，四年行取，仕至工部侍郎，归至莱阳，守城殉难。自后县官并无宋姓。科贡秩官，历历可考，不知《樵史》何所据而言之凿凿也……或谓书乃一卖国大老雇人代作。果尔，则欲掩滔天，不惜吊诡。金帛可爱，何畏冥诛，遂子虚乌有而不辞也。凡此种种，无耻之徒，亦何足深责。独怪谷应泰作《纪事本末》亦妄行采入。一事失真，举属可疑。如此而乃欲信今而传后乎？然稗官野史，任意荒唐可也。今

《明史》正在纂修，倘又不察，公然采录，使忠义之乡受不白之冤，固于杞人无损，一代信史不将受魏收之讥耶？此事有无，问之梁、宋间人，昭然易辨。秉笔者慎勿效《晋书》好用小说之陋，则与董狐并重矣。至于《樵史》诬伪多端，莫可枚举，又在所不屑论也。

这篇比较重要的《李公子辨》也有不准确的地方，如说谷应泰的《明史纪事本末》全采入了《樵史》中关于李岩的荒唐传说，实际《明史纪事本末》对李岩的事毫未渲染，只有一句话："杞县诸生李岩为之谋主。"这正是谷应泰和他的助手们比别人审慎的地方。大概他们知道杞县没有这个举人，所以只云"诸生"。又说《樵史》所记李岩事，与今所见的《鹿樵纪闻》不同。但是作者是清初当地人，坚决否定杞县有李岩其人，言之凿凿，不容不信。今人因《甲申三百年祭》的影响，认为李岩的事迹已是"家喻户晓"，不用怀疑，其实在清初时候，当地"故老尚存，其人其事影响全无"。

谷应泰的《明史纪事本末》成书较早，没有说李岩是李精白的儿子，也没有说他是举人，更没有提红娘子。到吴梅村的《绥寇纪略》和计六奇的《明季北略》，李岩和红娘子的故事便在传说中编造完成。然后在许多野史中辗转抄引，无大变化，最后采入《明史·流贼传》中，便成"铁案"。由于文献不足，如今我对于李岩故事开始是怎样出现的，尚不清楚。大顺军中大概有一个不重要的人物名叫李岩，为什么他变成了"箭垛式的"人物，我也不清楚。不知道就是不知道，我不瞎猜，也不盲从。至于红娘子，我认为全是虚构。有的野史中说她曾经"挟众攻掠开封"，必然实力很强，可是在河南各种地方志书中看不见关于她的一点儿资料。《豫变纪略》中也没有一个字提到她。说她破杞县救李岩出狱，去投闯王。可是乾隆年间修的《杞县志》卷二照录旧志的大事记，从崇祯十一年到十四年的原文如下：

十一年戊寅，夏四月蝗。秋七月，妖贼以白莲为号，聚众攻城三昼夜，势张甚。知县苏京率士兵御之，擒杀数千人。

十二年己卯，春三月蝗。夏四月，草寇一条龙、袁老山作乱，焚掠县境。杨阁部嗣昌奉命征剿，道经杞，供亿烦扰，居民苦之。

十三年庚辰，春二月，赤风昼晦，其色如血。夏旱。秋八月陨霖。是

> 岁大饥，斗米千钱，人相食。市肆有卖人肉者。冬十月，草寇一条龙复掠
> 邑南，都督陈永福讨平之。
>
> 十四年辛巳，春三月大疫，居人死者枕藉。夏六月旱。秋八月大饥。

以上大事表虽然也有个别记误之处，如杨嗣昌去襄阳不走杞县，误将供应军需作为供应杨嗣昌本人。杨嗣昌路过河南的时候是九月，表中未记明月份。但是，表中清清楚楚，根本没有红娘子攻城的事，县境内也没有红娘子的活动影子。

郭沫若同志对李岩和红娘子的故事很感兴趣，曾经打算写一剧本。郭老治学，常从个人兴趣出发，穿凿附会，而不从历史科学出发。像《甲申三百年祭》这样重要论文，为什么不多找一些资料看看？既然有不少野史和《明史》说李岩是杞县人，李精白的儿子，又说红娘子破城劫狱救出李岩，为什么不找《杞县志》和《开封府志》看看？在抗战时期的重庆，像《杞县志》《开封府志》《豫变纪略》等书，以郭老的声望和地位，都不难从图书馆中借到。我虽然尊敬郭老，但对他在写作这样论文时不肯多看一点儿历史资料，急于写文，轻作论断，对读书界影响深广，常常感到遗憾。

我们已经根据确凿的文献资料证明李岩的故事基本上都是子虚乌有，所以关于他被杀的问题究竟应该不应该由牛金星负责，以及他的被杀对大顺有什么影响，都失去讨论的必要了，而且可以说，连《甲申三百年祭》的种种假设和议论都失去了立论基础，属于空谈。

五

郭沫若同志在《甲申三百年祭》中将李岩歌诵，并无科学的历史根据，已如以上论证。另一方面，他将刘宗敏作为一个鞭挞的对象，也没有理由令我们同意。

首先，郭沫若同志对于刘宗敏的名字和出身都没有认真弄清楚。在《甲申三百年祭》中，郭沫若同志自己陷于矛盾，不能自拔，他在《明季北略》卷五看见有这样两句话："一云：自成多力善射，少与衙卒李固、铁冶刘敏政

结好，暴于乡里。后随众作贼，其兵尝云：我王原是个打铁的。"接着，郭沫若同志论断说：

> 以刘宗敏为锻工，恐怕就是由于有这位"铁冶刘敏政"而致误（假若《北略》不是讹字），因为姓既相同，名同一字，是很容易引起误会的。

我想，《明季北略》上那两句话在细心的读者眼中，无论如何得不出刘宗敏是由"刘敏政"而致误的结论。《北略》中的那两句话显然是一种误传。李固是李过之误，刘敏政是刘宗敏之误。何以知之？因为各种有关文献中再没有见过李固和刘敏政这两个名字。何况刘宗敏未称过王，也未受封为王，说"我王原是个打铁的"也反映是出于误传。关于明末农民起义的人物和事迹，尤其初期事迹，后来写野史的多是得自辗转传闻，错误百出，已是常事。一般稍微严肃的史学家读了上述几句话会写道："查后来各种史料未见刘敏政其人，应为刘宗敏之误。计氏加一'又云'，盖亦疑似之词。"然而郭沫若同志却写出"舍本逐末"的奇怪结论。既然认为刘宗敏是刘敏政之讹，却在《甲申三百年祭》中全用刘宗敏的名字，不用刘敏政，自陷矛盾，可见郭老自己也不敢相信自己的意见。

郭沫若同志对于刘宗敏的来历也未弄清，作了错误论断。他写道：

> 关于刘宗敏的来历有种种说法，据上引《北略》认为是牛金星的"故知"，他的加入是由牛金星的引荐，并以为山西人。（见卷二十三《宋献策及众贼归自成》条下）《甲申传信录》则谓"攻荆楚，得伪将刘宗敏"。（见《疆场裹革、李闯纠众》条下）而《明史·李自成传》却以为："刘宗敏者蓝田锻工也"，其归附在牛、李之前。自成被围于巴西鱼腹山中时，二人曾共患难，竟至杀妻相从。但《明史》恐怕是错误了的。

郭沫若同志认为《明史》是错误的，是说他相信《北略》卷二十三的说法，刘宗敏是牛金星的"故知"，由牛金星引荐给李闯王，或者相信《甲申传信录》中"攻荆楚，得伪将刘宗敏"一句话，而不相信刘宗敏随李自成起义很早。

其实，《北略》中关于这个问题完全是来自道听途说，而《甲申传信录》在"李闯纠众"一部分中十分荒唐。郭沫若同志并未排比众多资料，分析研究，竟随便说出"但《明史》恐怕是错误了"。这是对问题不认真考察，便下判断。如此轻率判断，根据何在？理由何在？全未说明。牛金星是崇祯十三年（一说十四年）才加入李自成起义集团的。如果刘宗敏是由他引荐的，在大顺军中只是个新手，如何能够马上获得那样高的地位？他因为位居武将之首，俗呼为"总哨刘爷"，向北京进军时代李自成发布文告，名称是"倡义提营首总将军"。换成现代话说，相当于总司令的意思。除非久经考验，屡立大功、为李自成视为心腹，倚为股肱，又为高一功、李过等众将所诚心推重，刘宗敏能得到这样地位么？

郭沫若同志说《明季北略》卷二十三《宋献策及群贼归自成》条下记载有刘宗敏"是牛金星的'故知'，他的加入是由牛金星引荐的，并以为山西人"。郭老在另一个地方又说是《北略》卷十八，将小题写作《牛宋投归自成》。实际上《北略》卷二十三和卷十八都无此记载，而是在卷十七《牛宋降自成》条下有一句话："金星引故知刘宗敏为将军。"时间是在崇祯十四年辛巳。且不说这一条记载毫无史料价值，倒是可以证明郭沫若同志读书不细心，连卷数和题目都未看清，当然谈不上辨别史料的真伪了。人们在写文章时偶然记错卷数或写错小题目是常有的事，不必深责，但是《甲申三百年祭》从初次出单行本到一九七二年的修订重排本，只将一个地方写的卷十八改正为卷十七，小题目也改正了，然而另一个地方错写为卷二十三则照旧，小题目始终错了一个字，也未改正。这虽然不是我要评论的主要问题，但是它也反映了郭老做学问的不够严肃认真的问题。

在《甲申三百年祭》中同样反映郭沫若同志治学态度不够严肃和认真，还可以举出下述一例。郭沫若同志说："自成被困于巴西鱼腹山中时，二人曾共患难，竟至杀妻相从。"（按，"竟至"前应加"宗敏"二字。）四川并没有鱼腹山，有关李自成的记载中用的"鱼复诸山中"，不是用的鱼腹山。关于所谓李自成被困于"巴西鱼复诸山中"的故事，是一个荒唐的谣言。明清之际的某些士大夫制造这个故事，大概目的是攻击杨嗣昌。我在《历史研究》一九七八年第五期上发表的题为《李自成从何处入豫？》一文，主要内容是考辨这一故事的荒唐。我现在不重复这个历史问题，只想指出郭沫若同志将前人所说的"鱼复诸山"改为"鱼腹山"，也是反映一种不严肃的学风。按，秦置鱼复县，汉仍之，故址在今奉节县东北十余里处，后移白帝城；三国时改称永安。明清之际的士大夫制造谣言时出于对地理的无知，用了一个早已废除的秦汉古地名鱼复。说"鱼复诸山"是泛指鱼复故地的某些山，主要是赤甲山。郭沫若同志不加察考，写成了鱼腹山，不仅将鱼复错为鱼腹，而且将一个泛指的地方改为特定的山名。其实，四川在历史上从来没有一个鱼腹山！

以上虽都是《甲申三百年祭》的枝节问题，但是反映了一种读书和治学态度。下边，我们谈两个关于刘宗敏的重要问题。

六

刘宗敏在《甲申三百年祭》中被作为贬斥对象，我认为是由于郭沫若同志对有关的史料看得太少，没有认真研究，误下论断。郭沫若同志判给刘宗敏的重大罪款有两项：第一，郭老说："将军刘宗敏所忙的是拶夹降官，搜括赃款，严刑杀人。"第二，郭老说："把吴三桂的父亲吴襄绑了来，追求三桂的爱姬陈圆圆，'不得，拷掠甚酷'。(《北略》卷二十，《吴三桂请兵始末》)虽然得到了陈圆圆，而终于把吴三桂逼反了的，却也就是这位刘将军。这关系实在是并非浅鲜。"这是郭沫若同志判给刘宗敏的两条罪款。关于这两个问题，我在《李自成》第一卷修订本《前言》中都基本上替刘宗敏辩白清楚了。郭沫若同志曾经看过我的那篇稿子，表示同意我的看法。现在我不必重复在《前言》论大顺军在北京"追赃"的一段话，请读者自己看看。我如今需要补充说明的是以下一点意见：

郭沫若同志在《甲申三百年祭》中写道：

> 但当李自成离开北京的时候，却发现皇库扃钥如故，其"旧有镇库金积年不用者三千七百万锭，锭皆五百（十？）两，镌有永乐字"(《明季北略》卷二十)。皇家究竟不愧是最大的富家，这样大的积余，如能为天下富家先，施发出来助赈、助饷，尽可以少下两次《罪己诏》，少减两次

御膳，少撤两次天乐，也不至于闹出悲剧来了。然而毕竟是文臣做文章容
易，而叫皇库出钱困难……

关于所谓宫中存银的问题，从清初开始，许多人做过驳议，其中有的人曾
在崇祯朝做过与管理财政有关的官员。关于这方面的有价值文献资料甚多，可
以看一看以下几处记载便知：史惇的《痛余杂记》、胡介祉的《茨村咏史新乐
府》、王世德的《崇祯遗录》、李清的《三垣笔记》、谈迁的《国榷》、毛奇龄
的《后鉴录》。其实，这是个常识问题。倘若崇祯的库中有许多银子，他到不
得已时断不会宁肯亡国和置一家一族的性命于不顾，不肯拿出库中银子。关于
崇祯朝内帑空虚事实，胡介祉的《茨村咏史新乐府》卷下有一首诗题为《内
帑疑》，其小序云：

> 熹宗在位七年，昏庸侈靡，神宗四十余年积蓄扫地无余矣。兵兴以
> 来，帑藏悬罄，常将累朝所贮银瓮、银盎、尊、鼎重器，输银作局倾销充
> 饷，故饷银多有"银作局"三字，人所共见，空乏可知。而崇祯末年，
> 廷臣动请内帑。按内帑惟承运库。钱粮解承运库者二：一曰金花银，一曰
> 轻赍。金花银所以供后妃金花、宦官宫妾赏赉；轻赍银所以为勋戚及京卫
> 武臣俸禄。随进随出，非如唐德宗私库聚而不散者然。发之屡矣，安有
> 余资？
>
> 野史谓贼破京师，大内尚有积金十余库。不知此十余库何名？考运承
> 库外有甲字等十库，贮方物也。天财库贮钱也，以备内外官员军旗赏赐。
> 古今通集库贮书、画、符、券、诰命也。东裕库贮藏珍宝也。外东裕库亦
> 贮方物，无金银也。库尽此矣。城破，惟东裕库珍宝存耳。安得有所谓十
> 余库积金者？而纷纷然谓帝好聚敛，内帑不轻发，岂不冤哉！
>
> 其说起于闯贼西奔时，括金银七千余万，声言得自宫中，遂为无知口
> 实。向使宫中有藏若此，足支十年，而顾以二百四十万练饷之加，失天下
> 心，即甚昏愚亦不至此，尝论其故，疑是闯贼谬为此言，冀暴扬帝之失
> 德，且自掩其酷刑勒索。又安知佗佗藉藉者不即内外诸臣聚敛私蓄耳……

胡介祉对于宫中藏有众多金银说的驳议，其主要部分也见于当时人王世德

的《崇祯遗录》（或作《烈皇帝遗事》）。史惇在其所著《痛余杂记》中也反驳此说，并引证曾任户部官的吴履中的话以证实他的意见：

> 吴宣山曰："吾尝司计，请发内帑。上令近前，密谕曰：'内库无有矣！'遂堕泪。"

那么，李自成运往西安的七千多万两银子的来源呢？毛奇龄在《后鉴录》中有下边一段话是他的粗略估计，可供修考：

> 共拷索银七千万，侯家十三，阉人十四，宫眷十二，估商十一；余宫中内帑、金银器具以及鼎耳门环，钿丝装嵌，剔剥殆遍，不及十万。贼声言得自内帑，恶拷索名也。

郭沫若同志在追赃问题上的错误有二：一是不知道追赃是大顺军的政策，所得银子是大顺国库收入，不能作为刘宗敏之罪。对此重大问题，不多看一点儿史料，误信宫中藏银传说而轻易大发议论。最不应该的是，郭沫若同志引用《明季北略》所记的这个传说，作者计六奇跟着就说明他自己也认为不可信，仅隔两行，而郭沫若同志竟未看见！计六奇说：

> 予谓果有如此多金，需骡马一千八百五十万方可载之，即循环交负，亦非计月可毕，则知斯言未可信也！

更奇怪的是，郭沫若同志在《甲申三百年祭》初版中将《载金入秦》这一条误为《明季北略》卷五，一九七二年修订本改正为《北略》卷二十，可是计六奇这几句至关重要的话竟然未看见，而他初写《甲申三百年祭》时看见"两"误为"十"字，亦未用他本校对，删去"十"字。像这样读书粗心、即兴命笔的情况，可以说在郭老一生的学术著作中并不是偶然现象。

七

郭沫若同志判给刘宗敏的第二条罪状是说他掠走了陈圆圆，激变了吴三桂投降清朝。关于吴三桂为什么投降清朝的问题，我在为《李自成》第一卷修订本写的《前言》中扼要地说出了我的基本意见，不再重复。尽管我的每个论点都没有发挥，但是郭沫若同志看了发表前的打印稿以后，回信表示同意我的意见。后来我专门为陈圆圆问题写了一篇《论〈圆圆曲〉》，发表于一九八〇年第一期《文学遗产》上，进一步批判了关于陈圆圆的各种传说，认为《圆圆曲》不是纪实之作，而关于陈圆圆的传奇故事并不可信。故事本身始终存在着许多矛盾，没有统一，有些是根本违背了历史的真实情况。这些矛盾，概括如下：

（一）陈圆圆究竟是田宏遇或是周奎买到北京，传说互相矛盾。

（二）陈圆圆究竟是被刘宗敏得去或是被李自成得去，传说互相矛盾。

（三）大顺军退出北京之后，陈圆圆究竟是在路上或是在北京城内重归吴三桂手中，传说互相矛盾。

（四）有一种说法，说周后为要分田妃之宠，嘱其父周奎从江南买到陈圆圆，送到宫中。这种说法与当时具体的历史情况有矛盾。田妃于五皇子死后即常在病中，到了崇祯十五年七月死去。陈圆圆从江南到北京大概是在四五月间，田妃已经病重很久，周后用不着拿一个妓女以分田妃之宠。

（五）另一种传说是说田妃的父亲田宏遇买到陈圆圆，献进宫中。这个说法不合情理。田妃有个妹妹，名叫淑英，长得很美，田妃知道自己病不能好，将妹妹叫进宫中。崇祯看见很喜欢，决定将来选她为妃。田妃死后第二年，即崇祯十六年，崇祯已经谕礼部准备选妃的事，随即因国事迅速变化，停止进行。所以说田妃命其父田宏遇买陈圆圆送进宫中，不符合实际历史情况。

（六）还有一种说法，说周后本想将陈圆圆献给崇祯，因崇祯操心国事，对陈圆圆不感兴趣，只好将陈圆圆退还周奎。田妃知道了，将陈圆圆的名籍改为田府，所以陈就到了田宏遇府中。这说法不合道理。田妃明知道皇上不喜欢她的父亲，只是因为她受宠才没有对他治罪，如今她害病将死，为什么要将陈圆圆弄到田府？而且陈圆圆如果确实进宫，且有名籍，这是司礼监衙门掌管的事，田妃有什么权力可以指挥司礼监？田妃曾为一句话被谪居启祥宫省愆，经过几个月，得周后的帮助才重回承乾宫，她有何胆量将陈圆圆的名籍改归田府？周后为六宫之主，司礼监怎敢听田妃的话如此作弊？（倘若按《甲申传信录》等野史说法，陈圆圆是崇祯十六年春田宏遇买到北京，则田妃已死

去很久了）

（七）明朝宫中制度很严，选妃必选自清白良家。周后或田妃如何敢将一个妓女弄进宫中？而且外人进宫，制度极严，周后怎么敢将陈圆圆私自弄进坤宁宫中？至于田妃，更不可能。

（八）吴三桂是镇守宁远的总兵官，自从崇祯十三年祖大寿在锦州被围以后，关外的军事形势日趋紧张，到十四年秋天，洪承畴率领号称十三万大军援救锦州溃败，吴三桂突围逃回宁远。几个月后，松山、锦州、杏山、塔山相继失守，宁远城面对清兵。在平时，镇帅不能随便离开防地，不奉召不能随便进京。按当时军事局势看，在崇祯亡国前的几年内，吴三桂没有到北京的机会。有人说，会不会有例外情况？我说：第一，如今还没有看见吴三桂例外的史料证据；第二，下面的情况是不能有"例外"的：田宏遇死于崇祯十六年，可能在夏、秋之间。故事中说吴三桂在田宏遇的酒筵上看见了陈圆圆，一见钟情，这是不可能的。说吴三桂在周奎的酒筵上遇到陈圆圆也同样不可能，因吴三桂身在宁远。

（九）甲申春天，大顺军向北京进兵，朝廷上为着是否应该命吴三桂放弃宁远和关外土地人民，回救北京，争论甚烈，最后不得已下决心调吴三桂入关救北京，但为时已晚。故事中说吴三桂由于朝廷催促他火速出关，将陈圆圆留在北京。这同历史的实际情形全然相反。附带提一笔，有些野史说吴三桂是山海关总兵，也不对。吴是镇守宁远的总兵官。

以上是陈圆圆传说中存在的各种矛盾，而从第五款到第九款最关紧要。我不是将每一种矛盾作为孤立的现象看，而是从它们的内部联系看，从整体看，从而判断陈圆圆的真实故事被传奇化了。整体不同于某一个枝节。要推倒我的判断必须从整体上推倒，至少必须根据经得起推敲的史料，对我指出的主要矛盾予以认真地解决。

我在那篇文章中还说，清初就有人不认为吴三桂是因为陈圆圆投降清朝。我引用全祖望的话，目的也是要说明全祖望不认为吴三桂的降清是为了陈圆圆，重点不在全祖望承认不承认陈圆圆曾一度归刘宗敏事，所以我在引用时特别说明全祖望没有见过杨宛，相隔数十年，对杨宛的话"是得自辗转传闻，不应作为信史看待"。

清朝初年，有一些轰传全国的重大故事，例如关于顺治皇帝的母亲下嫁多尔衮的问题，关于顺治皇帝为伤心董小宛的死去而到五台山出家的问题，都不是真有其事。关于陈圆圆的种种传奇故事，我根据故事本身存在的各种矛盾，认为也不可信。我既不是否认陈圆圆的存在，也不是否认陈圆圆被吴三桂买去，而是认为简单的事件被传奇化了。我认为下面的史料所云陈圆圆到了宁远，比较合乎情理：

> 先是，十六年春，戚畹田宏遇游南京，吴阊歌妓陈沅、顾寿名震一时。宏遇欲之，使人市顾寿，得之。而沅尤幽艳绝世，价最高。客有千宏遇者，以八百金市沅，献之。是岁宏遇还京，病卒。后襄入京，三桂遣人随襄入〔京。自〕宏遇家买沅，即遣人送之平西。闯入京师，伪权将军刘宗敏处田宏遇第，闻寿从优人潜遁，而沅为吴襄市去，乃枭优人七人而系襄索沅。襄具言遣送宁远，已死。宗敏坚疑不信，拷之酷。（《国榷》卷一〇〇）

> 宏遇死，寿随一优人逸去，而圆（沅）归三桂。（《鹿樵纪闻》卷下）

我认为以上史料比较真实或接近真实，其他种种都是逐渐添枝加叶，形成为传奇故事。不管陈圆圆是否病死宁远，或随吴进关而死于昆明，我都不相信陈圆圆同大顺军有关系，也不相信吴三桂是因为陈圆圆而投降清朝。

关于陈圆圆的传奇故事已经流传了三百多年，写入各种野史和正史，加上三百多年来脍炙人口的《圆圆曲》和被当代视为权威著作的《甲申三百年祭》为之宣传，现在由我发难，开始指出其不符合事实，并否定吴三桂是因陈圆圆降清之说，当然是一件困难工作，论点难免有不周密和不完善之处。但是我相信经过讨论、修正，最终必能得出合乎科学的结论。

对于所谓刘宗敏为索陈圆圆而拷掠吴襄的事，我也认为并无其事，因为不但在被拷掠的名单中见不到吴襄的名字，而且也不合情理。在《论〈圆圆曲〉》中我已经谈了我的意见，现在再从大顺军后期实行的招降政策方面说充分一点。有同志问我为什么相反的资料我不用，包括某一塘报稿。我简单回答说：我目前还认为那些史料不是确凿可靠的。我对旧史料的态度是分析，批判，利用，而不是轻信盲从。将来我如有时间写一篇讨论吴三桂降清原因和经过的论文，对于一些有关史料我将作分析。

李自成从崇祯十五年冬天起，在政策上有显著变化，必须注意。十五年十一月破河南汝宁，对捉到了明宗室崇王不加杀害；十六年十月破西安，不杀秦王；十七年正月破太原，不杀晋王；三月进北京，对崇祯三个儿子，即太子和永王、定王都予优待。从消灭了孙传庭，进入西安以后，不但对明朝的高级文官广施招降政策，对武将也一样，而且执行得更为积极。明朝的有名大将（总兵官一级）如贺珍、马科、白广恩、左光先、陈永福、官抚民等纷纷投降。陈永福原来不敢投降。李自成差白广恩前去劝降。陈永福说："开封作战的时候，射伤了李王的眼睛。如今我兵败投降，恐怕难保性命。"李自成对白广恩说："那时候是各尽其事，何必计较？"李自成当即折箭为誓，使陈相信，随后又封他为桃源伯。在进军北京的路上，招降了守大同总兵姜瓖、宣府总兵王承允，到居庸关招降了明朝定西伯、总兵唐通。到北京后，就进行对吴三桂和南方重要将领的招降工作。吴三桂距北京较近，又有重兵在手，绝不会不予重视。吴三桂先表示愿降，大概是缓兵之计。对南方招降的重点人物是左良玉、黄得功、刘泽清、高杰等人，而高杰原是拐走自成妾邢氏叛变的人。李自成给左良玉等的招降信是这样写的：

> 大顺国王，应运龙兴，豪杰响附。唐通、吴三桂、左光仙（先）等知天命有在，回心革面。朕嘉其志，俱赐彩缎黄金；所将兵卒，先给四月军粮，候立功日升赏。抗命周遇吉，身具五刑，全家诛戮。刑赏昭然！尔等当审时度势，弃昏就明。身享令名，功垂奕世，孰与弃身亡虏，妻子戮辱？大福不再，后悔噬脐。檄到须知！

这一招降檄文载于《平寇志》卷十和《国榷》卷一百。当时因尚未举行登极大典，故檄文开始不称大顺皇帝而称大顺国王。据《国榷》等书载，李自成招吴三桂时派人送去白银万两，黄金千两，锦缎千端，封吴三桂为侯的敕书一道。原来崇祯封吴为伯，李自成给他提高一级。

李自成和他的重要文武不是一群疯子，既然对明朝武将都采用招降政策，招降吴三桂更为急迫，如何能拷掠他的父亲吴襄？为想招降左良玉而优待侯恂，为什么要招吴三桂反而拷掠吴襄？关于吴襄被拷掠事，以我判断，最早是吴三桂听到误传（《国榷》云："吴三桂讹闻父襄被害，即日自玉田还山海关。"可能与此有关）。后来因为吴三桂降了清朝，所谓"缟素发丧"的传说起来了，刘宗敏为陈圆圆拷掠吴襄的传说起来了。凡此传说，实无其事，不过为吴三桂减轻叛国的舆论谴责罢了。

八

我围绕着李岩和刘宗敏两个人物的问题，对《甲申三百年祭》的错误进行评论。写到这里，我们对于郭沫若同志的这一本影响广泛而深远的小册子大概可以得出了基本认识。还有一些理论性的问题以及一些次要的和枝节的史实问题的错误，我都暂置不论。

郭沫若同志一生，对我国现代学术文化作出了重大贡献，但是也有他的弱点和错误。他留给后人的数量很多的遗产，什么是精华，什么是糟粕，应该实事求是地加以分析、评论，而不要空洞地赞扬伟大。在郭沫若同志的一生著作中，有发光的著作，有黯然无光的著作。由于他才高，治学态度不够谨严，所以他一生著作好比黄金与泥沙俱下。正因为如此，我们应该对他的著作，首先对影响最广的著作，一部一部进行分析、评价。通过这种工作，最后才能够对他作出全面评价。《甲申三百年祭》无疑是影响最广的一本著作，至今仍选入高中语文课本中。假若《甲申三百年祭》确实宣传了错误的历史知识和代表错误的治学态度，我们能够实事求是地评论其错误，就是对祖国历史负责，对全国读书界负责，对千百万中学生负责，而同时也是对郭沫若同志负责。我很尊敬郭老，在少年和青年时代受过他的影响。但是在历史科学问题上我们应抱着"我爱我师，我更爱真理"的态度，这样才有利于我国学术文化的健康发展。

两三年来，学术界的争鸣风气逐渐展开，这是非常好的现象，是我国学术文化走上兴旺发达的开始。但是远远不够，还有各种阻力，包括陈旧的习惯势力。对于郭沫若同志的《李白与杜甫》，学术界已经提出了批评，说出了我国知识界早就憋在心里的话。郭沫若同志在晚年写出那样糟糕的著作绝非偶然，这同他长期形成的那种不严肃、不严谨的学风（包括治学态度和方法）不能分开。使这种学风能够继续发展，是由于我国的特殊土壤。《甲申三百年祭》就是在中国的特殊土壤中产生，并得到称赞，变成了"权威"著作。

我在《论〈圆圆曲〉》中批判到《甲申三百年祭》。说实话，我是将它作为弄清明末历史问题兼批评《甲申三百年祭》的一组文章之一。一九七九年十一月至十二月份在香港《文汇报》连载发表一篇《李自成为什么失败?》，也属于这一组文章，因为还需要补充资料，所以没有在国内正式发表。《论〈圆圆曲〉》发表之后，黄裳同志写了一篇批评我的文章发表在《读书》一九八○年十月号上。黄裳同志的文章中所明确表白的观点和态度，与我们今后应如何对待《甲申三百年祭》很有影响，我不妨顺便说一下我的看法。黄裳同志说：

> 郭沫若同志的论文写于一九四四年。他看到了并大声提醒革命者警惕存在在李自成、刘宗敏身上的局限性和弱点，大胆地摸了他们的屁股，这样做对人民有好处，理所当然地得到了人民的喝彩。当然也有人不舒服，在当时就曾引起一场"轩然大波"。这些往事我们还记得的。在这个问题上郭沫若同志是看得远、说得对的。今天我们重读此文，依旧感到它有力、有益，也就是说，它不曾过时。

关于郭沫若同志应该不应该"摸"李自成和刘宗敏的"屁股"，以及郭沫若同志在一九四四年就预见到全国解放那么快，以及解放后我国的问题发展得如此严重，这都不是对待学术问题的话，我不想与黄裳同志讨论。我只谈我对历史著作和政治宣传的基本看法。

我认为历史著作渗透着史学家的一定的思想见解，所以从广义说，往往起着一定的宣传作用。但是，历史学是一门科学，史学著作必须是科学著作，不能同政治宣传品混为一谈，也不能以宣传目的代替科学目的。历史著作的任务，一是要给读者提供正确的历史知识，二是要通过对史料的科学研究，解释历史的规律、前人的经验和教训。科学的历史著作的教育意义不是任何政治宣传可以代替的，也是不能相比的。不将历史问题作为科学课题对待，而过分考虑宣传某一政治思想，不管作者有什么善良动机，他的著作总是反科学的，既不能给人民所需要的历史知识，也不能帮助人民认识历史的规律、经验和教训。而且反科学的历史著作，不管在一定时期影响多大，终究会被推倒。生命长久的不是那些借古喻今的宣传品，而是真正的历史科学著作。解放以后，直到"四人帮"倒台，在将近三十年中，因一时政治斗争需要，对历史任意曲解、歪曲、捏造和篡改的弊病，给我们的教训还小么？在斗争需要的前提下，不仅对现代史、当代史任意颠倒黑白，篡改和伪造，而且对古代史也任意曲解，颠倒黑白。尤其在十年浩劫中，成天以谎言代替真实，使古今人间充满了冤、假、错案。目前我们研究历史，要提倡对历史负责，提倡实事求是的科学精神。对待别人的历史著作，不强调写作动机，不迷信权威，不崇拜偶像，只能用科学尺度去检验。不然，我们的学风如何能端正？我们的科学文化如何能迅速提高？

　　一九六九年春天，我在"牛棚"中，牛鬼蛇神的同志中有人因我写了《李自成》，闲谈中向我大谈《甲申三百年祭》的不朽价值，使我忍不住简单地说了我的看法，当即有一位同志声色俱厉地批评我："郭老是党中央委员，《甲申三百年祭》是毛主席肯定的，你有不同意见就是反党！反党！"黄裳同志所说《甲申三百年祭》在重庆发表后，"当然也有人不舒服，在当时就曾引起一场'轩然大波'。这些往事我们还记得的"。黄裳同志所说的"轩然大波"大概是指国民党反动派在《中央日报》上发表文章攻击《甲申三百年祭》。但是今天我是从学术观点评价《甲申三百年祭》，态度是严肃的。我既不是国民党，更不是国民党反动派。黄裳同志的话是不是说过头了么？这种逻辑方法虽然在过去的日子里司空见惯，但是不利于学术争鸣。

　　郭沫若同志在学术上有光辉贡献，但不是《甲申三百年祭》。由于郭沫若同志在写这篇历史论文时没有认真地收集资料，仅仅凭着两三种野史，也未对所提供的材料辨别真伪，甚至连文字也未细读，就主观地、随心所欲地对重大的历史问题作出论断，所以这篇著作既宣传了错误的历史知识，当然也不可能正确地解释历史事变的规律和经验教训。比如，大顺朝为什么迅速灭亡？大顺军为什么在山海关战败？吴三桂为什么降清？像这些重大问题，郭沫若同志都没有弄清楚，不能将正确的因果关系告诉读者，而他的答案都是错误的。还必须重视，郭沫若同志如此写《甲申三百年祭》不是偶然的，是代表一种不严肃的学风。近三四年来，我国学术界重新提倡实事求是，学风已经沿着健康的道路向前发展，但是，也要看到，一种不严肃的，对历史和读者不负责的学风仍然还有市场。所以单单指出《甲申三百年祭》和《李白与杜甫》所代表的一种不足为训的学风，对今后的学术发展也具有积极意义。

其次，《甲申三百年祭》之所以能够长期被视为史学方面的权威著作，是由于我国的"特殊土壤"。这种特殊土壤的特点是：第一，一般说来，学术不发达。第二，过分将政治同学术混在一起。在进步阵营中，往往对某些人的错误言论不加指正，为的是不要影响他们的社会地位和政治影响，而结果使有些地位高的人物可以任意发表错误言论，得不到及时纠正。反之，对于政治上受批判的或不满意的人物，即令他们在学术上作出卓著贡献，也往往熟视无睹，甚且不实事求是地加以轻视或否定。总之，重视政治标准，轻视科学标准。第三，对学术问题的评价，有时不是根据科学标准，而是根据某一领导人物的一句话；权位愈高，愈有发言权，而且一句话便成定论，被奉为真理。判定文学作品的命运，评价学术著作，决定重大的经济建设、文化教育，往往也是如此。不信科学，不依靠科学，而惟层层领导人物的意志为准。人间并没有全知全能的上帝。任何伟大的领袖人物不可能不经过一番调查研究就能掌握他所干预的方面的知识。在社会问题上是如此，而在学术问题上也是如此。但是在我国特定的历史时期，领袖的任何话都具有绝对的权威作用，这是我国现代史上的不正常现象。现在我不揣谫陋，大胆地对《甲申三百年祭》的学术价值提出批评（尚非全面批评），也算是我追随学术界同仁之后，继续做一点儿解放思想、破除迷信的工作。

我们批评《甲申三百年祭》，丝毫不减低对郭老另外一些著作的高度评价。我们做这件工作，要对祖国的历史负责，对广大读者负责，对郭沫若同志负责。我相信，郭老如果九泉有知，看见我们这种解放思想，打破迷信的精神，定会含笑点头，因为这正是继承了他在五四时代的精神。

一九八〇年十一月于北京
原载《文汇月刊》一九八一年第一、二、三期

如何正确评价《甲申三百年祭》

——与姚雪垠同志商榷

顾 诚

　　《文汇月刊》今年一、二、三期连载了姚雪垠同志的《评〈甲申三百年祭〉》，对郭老的这篇文章进行了全面的批判。文中说，《甲申三百年祭》"是在中国的特殊土壤中产生"，代表了一种"不严肃、不谨严的学风"，是"糟粕""泥沙""黯然无光的著作""反科学的历史著作"，因而必须"推倒"；只有这样才算"是对祖国历史负责，对全国读书界负责，对千百万中学生负责，而同时也是对郭沫若同志负责"。在姚雪垠同志看来，仿佛不把郭老的这本小册子彻底否定，"我国学术文化"就不可能"健康发展"。姚雪垠同志的"发难"，得到了一些人的赞扬，有的同志说："姚雪垠的文章，为我们提倡的实事求是、入情入理、恰如其分、令人信服的批评，带了一个好头；这一点，也许比这篇文章本身的学术价值还显得宝贵。"①记得雪垠同志的文章里说："两三年来，学术界争鸣的风气逐渐展开，这是非常好的现象，是我国学术文化走上兴旺发达的开始。"正是本着这种精神，我也不揣谫陋，对姚雪垠同志的文章谈点个人意见。

一

　　《甲申三百年祭》是我国现代史学的一篇优秀作品，它曾经在人民革命事业中起过积极的作用。我们今天对它进行评价，必须把它放在当时的历史条件下，分析其撰写和流传的时代背景。姚雪垠同志经过研究以后，得出结论说：《甲申三百年祭》"是在中国的特殊土壤中产生"的"反科学的历史著作"。"特殊土壤"一词比较费解，细察姚文不外是两层意思，一是指郭老写这篇文章的时候看的书少得可怜，许多问题都没有弄清，就急于撰文，态度又轻率，自然只能写成这种黯然无光的著作，这是雪垠同志感到遗憾的事。二是这样一篇本不足道的文章发表之后，竟然引起了各方面的注意，只是由于它得到了政治力量的支持，才被捧成了"权威性的史学著作"，在广大读者中传播了消极影响，对历史科学的发展起了禁锢作用。事情既然这样严重，雪垠同志的大声疾呼，鸣鼓攻之，自然就有道理。而我们闻声而来，于大惑不解之余希望一察究竟，也应当允许吧。

《甲申三百年祭》确实是在中国土地上产生的。它发表于一九四四年三月，当时中国的大地上正处于两种命运的决战，帝国主义、封建主义和它们的混血儿官僚资本主义仍占着统治地位；另一方面是中国共产党领导进步人士和广大人民进行着艰苦卓绝的斗争。这是光明取代黑暗，地平线上朝霞初现的时代。郭老是著名的历史学家，他用马克思列宁主义研究中国历史所作出的筚路蓝缕之功是任何人都抹杀不了的。由于我国历史源远流长、丰富多彩，史籍汗牛充栋，郭老同任何一位史学家一样，都只能专精于一定范围之内。他不以明史见长，更从来没有以明史权威自命。他之所以选择了明清之际的史事撰写《甲申三百年祭》，可以说是时代的需要。他在抗日战争即将取得胜利的时刻，联想翩跹。他看到人民革命越是接近胜利，越要保持清醒的头脑，防止居功骄傲，不要"纷纷然，昏昏然"，对残存和潜在的敌人失去警惕。他想到了团结的重要，既要保持革命队伍自身的一致，又要争取尽可能多的同盟者。作者出于这种同人民革命事业休戚相关的感情，在百务繁忙之中抽出时间研究大顺农民军革命成败的原因，总结历史教训，终于赶在大顺军攻占北京三百周年的前夕，写出了纸贵洛阳的篇章。文章一发表于中国共产党主办的《新华日报》，便立即遭到国民党《中央日报》的抨击，事情本身就说明这篇著作是同一种什么"土壤"联系在一起的。文以载道，郭老如椽之笔把深邃的思想性和高度的艺术性结合起来，一扫枯燥说教的陈腐气息，文章很自然地受到读者的热烈欢迎。它被毛泽东同志推荐为整风文献，无疑进一步扩大了影响。这种影响是好是坏，历史早已作出定评，对于绝大多数当时和后来的读者是不存在异议的。随着人民革命在全国的胜利，《甲申三百年祭》也得到了更加广泛的传播，成了脍炙人口的一篇史学名文。简单回顾文章撰写和流传的经过，希望有助于认识和回答雪垠同志所说的"特殊土壤"。

史学有它自身发展的传统。但是，我们也毫不讳言任何一部史籍都是自觉或不自觉地在它当时的政治条件下产生，又反过来为作者所选择的政治服务的。《甲申三百年祭》是时代的产物，又为推动历史前进作出了贡献。这正是它的优点。史学的科学性，首先在于揭示隐藏在历史现象背后带有规律性的东西，用以指导现实斗争。郭老的文章在这方面有鲜明的体现。雪垠同志借口文章同政治的关系密切，却不正面分析这里谈的是什么政治，就在"特殊土壤"的晦涩言辞下加以批判，这是我们难以同意的。在姚文中指出建国以后曾经出现"过分将政治同学术混在一起"的倾向，错误地把学术问题生拉硬扯地说成政治问题。这种情况确实存在过，无疑应当引为鉴戒，避免别有用心的人物再次兴风作浪。问题是我们现在是否需要为了表示"纠偏"，就把过去一切同政治有联系的史学著作统统视为"特殊土壤的产物"而加以鄙弃呢？从此钻进象牙之塔为历史而历史呢？显然，走向这个极端也是不正确的。人们记得，雪垠同志在一九七七年写的《李自成》第一卷重版前言里，把自己的文艺创作和学术研究同当时的政治也是挂得十分紧密的，给予人们的印象似乎是他取得的每一个成就都是坚持马克思列宁主义、毛泽东思想的结果，都是一发发射向江青反革命集团的炮弹。特别是雪垠同志写了一大段文字叙述自己如何争取和得到毛泽东同志的关怀和支持，使名噪一时的长篇历史小说的写作和出版工作得以顺利进行。我想，雪垠同志绝不会因此就把自己的《李自成》也列入应当否定的"特殊土壤"的产物之列吧？这件事例至少说明对于学术文化成果曾经得到政治上的支持而表示深恶痛绝是没有道理的。

谈到这里，雪垠同志可能会争辩说（他的大作中实际上已经阐述得够多了），郭老的《甲申三百年祭》是谬误百出的"糟粕"，只是由于周恩来同志支持于前，毛泽东同志推荐于后，才被树成了"权威性的史学著作"；而自己的著作在方法上是"科学的"，"在态度上是严肃的"，得到毛泽东同志的支持自应另作别论。换句话说，二者的根本区别在于学术！好吧，我们也就从学术的角度来作一点探讨。先谈《甲申三百年祭》。

上文已经指出，郭老学识渊博，但他的专长不在明史，主要是在先秦方面。《甲申三百年祭》不是郭老长期潜心研究的学术结晶，这是事实；再考虑到当时的历史条件，作者很少有可能查阅大量文献并且对涉及的史实进行精确考证。因此，文中涉及的有些史实存在某些疏误，这本来是在所难免的。如果不带偏见，那就应当承认一个基本事实：在我国史学界，对于包括李自成、张献忠起义在内的人民革命史认真地加以研究，基本上是在解放以后才提上日程的。经过史学界和业余爱好者三十年来的探讨，发掘了大量史料，分析和辨伪能力大大提高了，在一系列问题上取得了较大进展。如果有什么人借助于学术界几十年共同努力才取得的成果，去嘲弄开创者早期作品的不足和某些失误，显示自己的高明，那就很难说是一种实事求是的态度吧！

尽管存在一些不足之处，《甲申三百年祭》在学术上依然是一篇史学名文，它的开创之功是不可磨灭的。作者根据马克思主义的基本观点对史籍中被斥之为"盗""贼""寇"的农民起义充满着同情，对当时的反动统治者作了无情的鞭挞，这和四十年代中期史学领域里的同类著作相比，无疑要高出一筹。可以毫不夸大地说，它为后来进行农民战争史的研究开了先河，许多史学界的同志都或多或少地从这篇名文中获得了教益。列宁说过："判断历史的功绩，不是根据历史活动家没有提供现代所要求的东西，而是根据他们比他们的前辈提供了新的东西。"[2]评价《甲申三百年祭》及其作者的历史地位，需要的正是这种态度。史学界的许多同志虽然认为《甲申三百年祭》是四十年代在马克思主义光辉照耀下结出的一个丰硕果实，但并没有人把它看成是终极真理。我还是在姚雪垠同志的这篇大作里，才第一次看到《甲申三百年祭》被封成了不准越雷池一步的"权威性史学著作"。像这种把自己想要推倒的对象先抬起来然后重重地摔下去的做法，应该说是同作者所标榜的"吾爱吾师，吾更爱真理"的精神是不相符的。

"长江万里，何能不千里一曲？"古往今来探索真理的人们，包括各个领域内的大师们，错误总是难免的。开创的东西大抵都不够完善，后进者理应继承前人的成果，并且通过自己的努力把事业推向新的水平。用轻薄的语调评论前人，不是马克思主义者应取的态度。特别是当这些大师们业已结束自己的劳动，长眠安息，不再能够对牵涉自己的问题作出说明和表态的时候，评论更应当力求合情合理。像雪垠同志这样一面自列门墙，引为知己，一面深文周纳，愤激之情溢于言表，往往不能自已，目的在于把郭老一篇影响比较大的、也是写得比较好的著作全盘否定，这种做法无论如何不能使人心服。时至今日，随着历史科学的发展，《甲申三百年祭》的部分论据和某些提法已经显得比较陈旧，新的研究成果不断地丰富和弥补了它的不足。尽管如此，郭老这篇著作的基本观点仍然是正确的，文中痛彻地指出的一个以革命为宗旨的社会集团在胜利的情况下要防止骄傲的历史经验，直到目前仍然有它的现实意义。《甲申三百年祭》在中国现代史学史上理应占有一席之地，它作为一篇有思想、有文采的史学名文必将流传下去。它一定还将拥有广泛的读者，也一定还会受到应得的赞扬。

郭老的治学领域很广，有些方面成就很高，有些方面薄弱一些，他的学术见解有些很精辟，有些则不免失之偏颇。但就总的方面来看，郭老的治学态度是相当严肃的。他享有很高的学术声誉，却从不自满。偶有失误，一经别人指出，总是很快地改正，确有虚怀若谷的风格。仅以《甲申三百年祭》为例，这本小册子早已成了享有盛誉的作品，但是郭老并没有故步自封，每逢别人提出合理的批评意见都虚心接受。一九五五年湖北通城县根据《明史》等书的记载误以为李自成牺牲在本县，修建了李自成墓供后人景仰，郭老曾为之题词。不久，《历史教学》发表考证文章指出"通城说"的错误，李自成牺牲的地点应当是湖北通山县九宫山。郭老看到以后特地写了一封信，说："这一考证，确实有据，是可以信赖的。我为通城县李自成墓所作的题词，及在《甲申三百年祭》中说李自成'牺牲于湖北通城九宫山'都是根据旧有的传说，应予注销并改正。"③姚雪垠同志的这篇大作提到他在一九七七年曾经把小说第一卷修订本前言的打字稿寄给郭老，信中说："《前言》中关于对刘宗敏和李信的评价，和您从前的意见相违。正如西哲之言曰：我爱我师，我更爱真理。这也算学生同老师争鸣吧。"郭老在病中回信说："我完全赞成您的观点。祝贺您的成功，感谢您改正了我的错误。"郭老这种追求真理的气魄确实值得我们作为一种纯正学风继承下来，发扬光大。雪垠同志把郭老的信公布出来，似乎只是为了向读者显示连郭老都甘拜下风。至于自称要学习郭老勇于承认错误的精神，读者自然是欢迎的，更希望在雪垠同志今后的著作中有所体现。

二

明末清初的史籍和文献资料之多是出乎一般人意料的。到目前为止，没有发掘、没有利用的史料究竟有多少还是个未知数，许多问题仍处于摸索探讨的过程中。雪垠同志为了创作长篇历史小说《李自成》，查阅了不少史料，无疑是个事实。但是，我并不赞成他在某些文章和谈话中对自己在学术上达到的水平所作的估计。在《李自成》第一卷修订版前言中，雪垠同志说："围绕着李自成的革命经历，我首先对于每个重要的历史问题本着实事求是的态度进行科学研究，做到深入历史，心中有数。"大概正是因为雪垠同志认为自己对李自成起义的每一个重要问题都已经"深入历史，心中有数"，才有恃无恐地指责郭老看的书那样少，在一系列问题上都没有弄清，结论都是错误的吧。下面，我们也就本着实事求是的态度就有关李自成的几个重要问题作一点粗略的探讨，并就正于姚雪垠同志。

（一）据姚雪垠同志介绍，李自成原名李鸿基，上私塾时老师替他起了个表字叫作自成，后来"以字行"，李自成的名字从此传遍了全国。应当承认，这种说法是有根据的，见清初计六奇所编《明季北略》卷五《李自成起》条。然而，这条材料并不可靠。《米脂县志》收载了一篇《李自成族裔考》，其中说李自成的家族世居李家站，原名李继迁站，"考李家站有万寿寺建于明代……寺中有大铁钟一、古碑二，皆明季万历、天启朝物，碑上有李守栋、守香、守仓、自可、自良等名。惜其村人多务农，而无读书识字者，不能详考当时情形矣。"④这件实物证明李自成一辈起名按自字排行，他父亲（李守忠）一辈按守字排行。《清世祖实录》中记载顺治二年李自成牺牲以后，部将曾经打算推举他的弟弟李孜为主，李孜却不成材，降清后被杀⑤。清初实录中记载汉人姓名常有错误，所谓李孜当是李自，脱去了双名的第二字。此外，清初米脂、延安、延绥、陕西等省、府、镇、县志以及其他比较可信的材料都没有李自成原名李鸿基的记载。姚雪垠同志偏偏相信了错误百出的《明季北略》，从而传播了不可靠的历史知识。

（二）李自成是怎样参加明末农民大起义的？这是直接关系到李自成一生事业的重大问题。雪垠同志采用的是一般史籍上常见的先同侄儿李过一道往甘肃从军，后来杀了带队的将官和当地知县率众起义的"甘肃兵变说"。我在《李自成起事考》⑥一文中已经列举原始材料，证明这种流传甚广的说法不足信。李自成并没有当过明政府官军，他同发生在崇祯三年正月的那次甘镇兵变也毫无关系。雪垠同志在《我所理解的李自成》一文里论证李自成起义军的一个重要特点是"一开始就比较正规化"，形成这个特点的原因之一"是因为有一支起义的正规官军作为最初的队伍核心"。这种说法是否如实地反映了历史？对李自成是否理解得正确？是否真正抓住了李自成起义军的特点？我以为还值得研究。

（三）过去的史籍常把李自成说成是高迎祥的外甥，后来又成了高迎祥这位闯王部下的一员闯将；高迎祥牺牲以后，李自成被推举为闯王。姚雪垠同志对这种传说的错误不仅没有察觉，而且在没有任何根据的情况下作出了主观推论。他在上引文章里写道："最后我再说一个向来不被人注意的问题。在明朝末年，大大小小的农民起义武装不知有多少支，几乎数不清楚。差不多大小头目都有一个诨号……高迎祥指挥下的义军首领，有诨号的也居多数。可是高迎祥本人没有诨号，李自成没有诨号，他手下的重要将领绝大多数没有诨号，'闯王'和'闯将'都不是诨号，而是称号。"一九七七年他又重申这一观点说："高迎祥的'闯王'一词不是绰号，而是代表军事领导地位的称号。在明末十三家义军中只有高迎祥一家有这个称号。"⑦据我的查考，李自成从来就不是高迎祥的部下，闯王、闯将和乡里人、老回回等等一样都是绰号。李自成在崇祯三年领着本地饥民投入不沾泥为首的队伍，被编为八队。不久，不沾泥接受明政府的招抚，李自成因不愿受抚，同不沾泥分手，从此他所领导的八队就成了农民大起义中的一支独立队伍。清初吴伟业在《绥寇纪略》中侈谈什么荥阳大会，说李自成当时还是高迎祥部下偏裨，不为人们所知，只是因为在会上发表了一通"分兵定向"的战略演说才崭露头角。这种记载表明吴伟业对李自成的早期斗争经历缺乏真正的了解。崇祯五年八月，明山东道御史刘令誉的奏疏中就说："有自贼中逃回者言，旧在晋中贼首掌盘子等十六家，最枭獍者为闯将、紫金梁，戴金穿红，群贼效之，遂皆以红衣为号。"⑧同年十二月，明宣大总督张宗衡指挥官军追紫金梁、邢红娘等部时，李自成和八金刚、过天星领导的另一支起义军突然由河南怀庆地区进入山西，一举攻克辽州。张宗衡大出意料，他在塘报中说："职所尾之贼系紫金梁等，而闯将等系西河之贼，不知何故放松，令其蹂躏东向。"⑨这类材料确凿无疑地证明李自成早在崇祯五年就已经是一支重要的起义军的首领。由于明政府官员和封建文人常用"闯贼"这个敌意词称呼闯王和闯将，因此在史籍中高迎祥和李自成的事迹往往弄混，甚至用封建等级观念去乱套，把闯将说成了闯王之下的一员将。这是对明末农民战争前期史实的一个重大误解。其实，只要对现存明末残档和当时任事官员文集中保存的奏疏等资料加以排比研究，就可以清楚地看出李自成和高迎祥、张献忠、罗汝才等人，一样都是互不统属的各支起义军首领，各部有时联合作战，有时各自为战。明末各支农民起义军的走向统一是相当晚的事情，直到崇祯十五年后期李自成的实力和威望大大增长以后，罗汝才和革左五营才从同李自成联合作战逐渐转变为在李自成领导下统一起来。至于高迎祥在崇祯九年牺牲以前，他所带领的那支起义军一度是各部当中最强的一支⑩，但他从未享有什么"军事领导地位"。李自成的母亲有金氏、吕氏等说法，还没有看到高氏的记载，所以说高迎祥是李自成的舅舅也难以成立。由此可见，雪垠同志关于李自成早期革命经历的论述基本上是因袭旧说，而且这些旧说又经不起原始材料的检验。要把这段史实论证清楚，需要列举大量史料，这里只能略抒己见供雪垠同志参考。

（四）有关李自成起义中期的情况，姚雪垠同志在一九七八年写了一篇《李自成从何处入豫？》的大作。他在文章开头宣称："李自成究竟从何处进入河南，是我们研究明末农民战争史的人必须弄清楚的一个重要问题。"接着他批判了"至今常为历史学界所采用"的说法，提出了一个他自己认为"比较可信的答案"。这个答案就是李自成入豫以前长期息马于郧均深山之中，到崇祯十三年十一月中旬从湖北郧阳、均县之间的小路奔入河南。我在《李自成起义军究竟从何处入豫？》⑪这篇同姚雪垠同志商榷的文章里列举材料指出：一、李自成起义军在崇祯十一年连续遭到重大挫折之后，部众大约剩下一千名左右，入豫以前长期转战于湖北、四川、陕西三省接境地区，活动比较频繁，因此任何一种深山息马的说法都是错误的；二、李自成部的入豫是经陕西兴安、商洛地区进入河南内乡、淅川一带的；三、其时为崇祯十三年七月。拙稿对雪垠同志的基本论点提出了不同意见，发表以来已近三年，没有看到雪垠同志的反应。在这次评郭老的文章里又提到《李自成从何处入豫?》这篇大作，他说，"我现在不重复这个历史问题，只想指出郭沫若同志将前人所说的'鱼復诸山'改为'鱼腹山'，也是反映一种不严肃的学风"。郭老一字之差也要作为"一种不严肃的学风"的典型事例一再提出批驳，那么雪垠同志自己的文章被旁人指出基本论点都站不住脚，为什么却一声不吭呢? 如果雪垠同志仍然认为自己的答案是比较可信的，欢迎他对我进行严肃的反批评[12]。

三

李自成起义军入豫以后，史籍记载中碰到的重大问题之一是李岩问题。姚雪垠同志的文章也是"围绕着李岩和刘宗敏两个人物的问题，对《甲申三百年祭》的错误进行评论"的。他在文中用了一半左右的篇幅批判郭老未能察觉有关李岩传说的不可靠，而且说了这样一段话：

> 郭老治学，常从个人兴趣出发，穿凿附会，而不从历史科学出发。像《甲申三百年祭》这样重要的论文，为什么不多找一些资料看看? 既然有不少野史和《明史》说李岩是杞县人，李精白的儿子，又说红娘子破城劫狱救出李岩，为什么不找《杞县志》和《开封府志》看看? 在抗战时期的重庆，像《杞县志》《开封府志》《豫变纪略》等书，以郭老的声望和地位，都不难从图书馆中借到。我虽然尊敬郭老，但对他在写作这样论文时不肯多看一点历史资料，急于写文，轻作论断，对读书界影响深广，常常感到遗憾。

在这里，姚雪垠同志的巧于论人达到了令人吃惊的程度。他完全不顾包括他自己在内的学术界在李岩问题上的探讨过程。有关李岩的故事自从明末清初小说家编造出来以后，逐渐渗入史籍，到钦定《明史》采纳进去之后就成了"定论"。郭老的失误说得再大也不过是因袭旧文，未能跳出前人的窠臼。在《甲申三百年祭》发表二十年之后即一九六四年，学术界曾经就李岩的评价问题展开过讨论，当时虽然也有同志（如曹贵林同志）对部分史实进行了有益的考核，但并没有怀疑到有关李岩的全部"事迹"都出自编造。姚雪垠同志在一九六四年《羊城晚报》上发表的《我所理解的李自成》也仅仅是在李岩评价问题上提出了自己的看法。那篇文章里写道："李岩的参加，对李自成的后期事业起了不小作用，但决不能看作是主要因素。"事情又过了十三年即一九七七年，雪垠同志在《李自成》第一卷修订本前言中仍然说："大顺军确有李信这个人，我们究竟应该如何评价这样的历史人物。"自己在三十三年之后仍然没有察觉李岩传说的不可靠，一再撰写论文说"确有李信"，现在却无端地指责郭老在一九四四年"不肯多看一点儿历史资料，急于写文，轻作论断"，甚至表示"遗憾"，这难道有半点实事求是的精神吗？一九七八年拙稿《李岩质疑》发表以后，雪垠同志在给《羊城晚报》编辑同志的信中说："今年《历史研究》第五期上发表了一篇顾诚同志的《李岩质疑》，彻底否定了李岩的存在。我认为这篇文章对传统的、伪造的、在当代'家喻户晓'的有关李岩的事迹是有力的批判，响亮的争鸣。但是在有些问题上，我也不尽同意。"⑬雪垠同志指出我的某些论点缺乏有力的史料根据，后来我在《再谈李岩问题》⑭里作了一些补充，尽管如此，有的地方仍然显得单薄，还需继续努力，也殷切地希望其他同志发掘出更多的材料使问题得到彻底解决。

雪垠同志在李岩问题上对郭老指责过分，我以为是不好的。为了渲染郭老学风的"不严肃"，他甚至煞有介事地说郭老"不肯"多看点书，连《杞县志》等书都没有看过。可是，雪垠同志的这篇评论文章却清楚地表明：他自己直到现在还没有查阅过康熙三十二年修的《杞县志》，而这部书正是最早提出李岩真伪问题的重要史籍。所以他在抄录《李公子辨》时，只能依据《开封府志》的文本，而抄录杞县"大事记"又只能从乾隆县志中转录康熙旧志的记载。根据查对，可以知道雪垠同志曾用《开封府志》文本同《甲申朝事小纪》以及《豫变纪略》所附文本校读。如他的引文中"杳无凭据"的杳字空格，《府志》作"杳"，《小纪》作"皆"，雪垠同志未见康熙《杞县志》，心中无底，只好画个框框顶替。更明显的是下面一段话：《府志》作"谓其所杀知县，考杞志莱阳宋玫崇祯元年由永城调杞，四年行取兵科，仕至工部侍郎"。《小纪》本作："谓其所杀宋知县也，则宋玫乃崇祯元年由永城调杞，四年行取吏科，仕至工部侍郎。"而康熙《杞县志》的原文是："谓其所杀者宋知县也。则宋玫乃崇祯元年自永城调杞，四年行取吏科，仕至工部侍郎。"雪垠同志为了避开《府志》文本中"考杞志"一语，换用了《小纪》的文字；又因《小纪》作"四年行取吏科"，《府志》作"兵科"，不知何从，只好采取《豫变纪略》的简文"四年行取，仕至工部侍郎"。又诸本均作"岩因发粟赈饥"，雪垠同志自行改发粟为"发廪"。这么一来，作者虽说是"现将《府志》所附《李公子辨》抄在下边，供大家研究"，实际上是经过他拼凑的最新文本。作者写道："这篇比较重要的《李公子辨》也有不准确的地方，如说谷应泰的《明史纪事本末》全采入了《樵史》中关于李岩的荒唐传说"，其实，《李公子辨》只说"《纪事本末》亦妄行采入"，"妄行采入"并不能解释为"全采人"嘛！下文"又说《樵史》所记李岩事，与今所见《鹿樵纪闻》不同"。《李公子辨》内并没有这句话，雪垠同志的这类批评常使人莫名其妙。在狠批郭老"不严谨""轻率"的时候，自己连引用史料都不能做到忠实，也算一件怪事。类似的情况还有不少，比如雪垠同志一九七七年写的《李自成·前言》里专门写了一节评论杨嗣昌和朱由检，从后来的文章可以判断他写论杨嗣昌的时候连杨嗣昌的文集也没有看。指出这一点当然不是说雪垠同志"不肯"多看点书，而是说一个人精力有限，忙于其他事务就难免顾此失彼。雪垠同志对《甲申三百年祭》中叙述李岩的悲剧用了四次"假使"很不客气地批评了一通，接着写道："'假使'不是绝对不可用，但必须有一个前提条件，即是在评论者真正掌握了大量的、具体的、确实无误的与各方面有关的历史资料之后，方可提出来科学性的假设。"可是就在同一篇文章里雪垠同志的笔下却出现了这样的文字："大顺军中大概有一个不重要的人物名叫李岩，为什么他变成了'箭垛式'人物，我也不清楚。"就历史人物而言，有就是有，无就是无，不能用什么"大概有"的。雪垠同志作出"大顺军中大概有一个不重要的人物名叫李岩"这种假设，难道是"真正掌握了大量的、具体的、确实无误的、与各方面有关的历史资料"吗？

《评〈甲申三百年祭〉》对郭老大加非难的另一个问题是刘宗敏。从史实上看，郭老对刘宗敏的评价确有不妥当的地方。但是，雪垠同志在"两个关于刘宗敏的重要问题"上批判郭老不科学都还值得商榷。这两个问题一是追赃助饷，一是陈圆圆。后一个问题雪垠同志专门写了一篇《论〈圆圆曲〉》，在这篇文章里又列举了陈圆圆记载中的九款矛盾。把陈圆圆的问题提出来，对于弄清大顺军在北京的活动和山海关之战是有帮助的。不过，列举出各种史籍记载上的矛盾还不等于解决问题。陈圆圆事比较难于弄清，是因为这类闺闱之事暧昧难明，官方文书既缺乏记载，私家命笔又难免增饰掩迴，再加上好事之徒以耳代目，上下其手，使后来的治学者常常陷入歧路亡羊的困境。我在《山海关战役前夕的吴三桂》⑮一文里就自知力薄识浅，只好把陈圆圆的问题列为导致吴三桂叛乱的两种说法之一。读了雪垠同志的文章，觉得他也没有搞清楚，引用的材料并不能证明自己的论点。他说，"我既不是否认陈圆圆的存在，也不是否认陈圆圆被吴三桂买去，而是认为简单的事件被传奇化了。我认为下面的史料所云陈圆圆到了宁远，比较合乎情理"：

> 先是，十六年春，戚畹田宏遇游南京，吴阊歌妓陈沅、顾寿名震一时。宏遇欲之，使人市顾寿，得之。而沅尤幽艳绝世，价最高。客有干宏遇者，以八百金市沅，献之。是岁宏遇还京，病卒。后襄入京，三桂遣人随襄入〔京。自〕宏遇家买沅，即遣人送之平西。闯入京师，伪权将军刘宗敏处田宏遇第，闻寿从优人潜遁，而沅为吴襄市去，乃枭优人七人而系襄索沅。襄具言遣送宁远，已死。宗敏坚疑不信，拷之酷。（《国榷》，卷一〇〇）

接着，雪垠同志声称，"我认为以上史料比较真实或接近真实"。但他又断然宣布"由我发难，开始指出其不符合事实，并否定吴三桂是因陈圆圆降清之说……"。所引史料既然说刘宗敏逼吴襄交出陈圆圆，没有达到目的就"拷之酷"，那么，吴三桂得到消息说刘宗敏要夺他的爱妾，使老父也受到连累，遭受严刑拷打，因此一怒而去也是说得通的。可见，雪垠同志的论证没有多大的说服力，不过在刘宗敏是否把陈圆圆弄到手的问题上发表了一种倾向性意见而已。

关于追赃助饷，雪垠同志说，"郭沫若同志在追赃问题上的错误有二：一是不知道追赃是大顺军的政策，所得银子是大顺国库收入，不能作为刘宗敏之罪。（此处似当有"一是"或"二是"两字）对此重大问题，不多看一点儿史料，误信宫中藏银传说而轻易大发议论"。派给郭老的这两条错误都不合适。郭老在《甲申三百年祭》里只说了刘宗敏进京后忙于追赃，这种事交给刑官干就行了，像他这样第一流的大将如能出镇山海关，形势就将大不相同。郭老的这种叙述并不能构成或引申出雪垠同志指责的第一条错误，大体而言对刘宗敏的这种批评还是站得住的。不管是李自成指定还是刘宗敏自告奋勇，在大敌当前的形势下由他去主持追赃事务，确实是割鸡用了牛刀。大顺军进京之后对投降过来的明朝官绅追赃助饷在策略上是犯了严重错误的。这就牵涉到明内帑的问题。因为大顺政权宣布了三年免征，如果内帑早已空虚，不搞追赃助饷无法解决军队和政权机构的费用。

为了判断郭沫若同志是否"误信宫中藏银传说而轻易大发议论"，需要对大顺军进京时的内帑情况做一点必要的探讨。明朝末年皇宫中的内帑一直是个说法互歧的问题。崇祯年间由于财政破产，国库空虚，内外臣工们经常要求发放内帑以解燃眉之急。朱由检却硬说内帑罄竭，只有用加派赋税的方法来应付日益增长的军费。所以，崇祯一朝十七年间三次加派，总额高达一千多万两，超过常年赋税的一倍。朝廷还雷厉风行地以征解足额与否作为考察地方官员的首要标准，以致官场风气为之一变："有司但行催科，不问抚字。"朱由检的这种饮鸩止渴的做法，起了为渊驱鱼、为丛驱雀的作用，把大批农民赶到了起义军一边去，结果是加速明王朝的灭亡。大顺军占领北京的时候，明朝大学士范景文亲眼看到了这场天翻地覆的变革，自尽前说了一句老实话："今日之事，皆谋国者深刻剥削致此。"⑯

那么，朱由检究竟是惜帑装穷还是确实因为内帑已尽不得已而加派呢？这个问题在大顺军进入皇宫之后应当真相大白了，然而随着大顺政权的失败，史家又纷纷聚讼不休。有的说多达数千万两，足够若干年的加派；有的则同朱由检唱一个调子，说是早已囊空底尽，连宫里的金银器皿都化成锭块充作国用了。还有一种折中而又离奇的说法：宫中金银确实还多，只是簿籍被太监们藏匿，以致朱由检连自己有那么多金银都一无所知。这种说法显然是为了减轻朱由检的罪责而编造出来的，不值一驳。

雪垠同志的《评〈甲申三百年祭〉》第六部分是专门讨论明末内帑的。他说：

关于所谓宫中存银的问题，从清初开始，许多人做过驳议，其中有的人曾在崇祯朝做过与管理财政有关的官员。关于这方面的有价值文献资料甚多，可以看一看以下几处记载便知：史惇的《痛余杂记》、胡介祉的《茨村咏史新乐府》、王世德的《崇祯遗录》、李清的《三垣笔记》、谈迁的《国榷》、毛奇龄的《后鉴录》。其实，这是个常识问题。倘若崇祯的库中有许多银子，他到不得已时断不会宁肯亡国和置一家一族的性命于不顾，不肯拿出库中银子。

这段话表明姚雪垠同志赞成大顺军进入北京的时候明内帑空虚的说法。上面的引文列举的几种史料显然是以符合他自己的胃口作为取舍标准。雪垠同志把史惇、胡介祉、王世德、李清、谈迁、毛奇龄诸家的著述推崇为"有价值"的文献资料，而对于相反的记载则绝口不提，仿佛经过上述诸人的"驳议"就全被驳倒了似的。让我们先来看看大顺军占领北京时在场的几个明朝官员的记载。赵士锦在《甲申纪事》中说内库"银尚存三千余万两，金一百五十万两"；杨士聪在《甲申核真略》里写道："按贼入大内，括各库银共三千七百万、金若干万。其在户部者外解不及四十万，捐助二十万而已"；大顺军破城时任明朝兵部职方司郎中的张正声说："李自成括内库银九千几百万，金半之。"[17]三书记载具体数字不完全相同，但都说有几千万两。我以为这些记载比姚雪垠同志推荐的那些史籍要可靠一些，因为作者都是明朝廷的现任官员，当时又都在北京。关于明末内帑，爱新觉罗·玄烨有这样一段话：康熙五十二年闰五月丁未朔乙卯日"上谕大学士等……明代万历年间于养心殿后窖金二百万金。我朝大兵至京，流寇挈金而逃。因追兵甚迫，弃之黄河。大抵明代帑金，流寇之难三分已失其一。又于达赖喇嘛处费用无算，凡制造器皿等物亦繁费不资。朕自御极以来，酌量撙节，不敢滥费。从古无如朕之节用者"[18]。康熙是了解情况的[19]，他说得很清楚，仅养心殿后面一窖就有二百万两银子；而且明代的帑金似乎还很多，大顺军带走的只占三分之一，其他在顺治年间用去不少。

再来看看雪垠同志所介绍的胡介祉、史惇、毛奇龄是怎么驳议的。他在评文中抄录了一大段胡介祉的《茨村咏史新乐府·内帑疑》的小序，这篇东西的史料价值很低，它的前一部分取自王世德《崇祯遗录》，后一部分取自史惇《痛余杂记·东厂》条。史惇把加派练饷数字误记为二百四十万两，胡介祉也依样画葫芦照搬过来，说明作者不过是人云亦云，自己并不了解真实情况。至于王世德的驳议有几点需要指出：一是说"天启在位七年，蓄积扫地无余"，未必是事实，赵士锦等人就说过"闻自万历八年以后所解内库银尚未动也"。二是魏忠贤乱政时期肯定盗窃和花费了部分内帑，但是崇祯即位以后籍没魏忠贤和客氏所得银财也必然非常惊人。清赵翼说："明代宦官擅权，其富亦骇人听闻。"他指出，英宗亲信太监王振籍没时仅金银即达六十余库，武宗时刘瑾籍没之黄金达二百五十万两，银五千万余两。"至魏忠贤窃柄，史虽不载其籍没之数，然其权胜于瑾，则其富更胜于瑾可知也。"[②]这虽然只是赵翼推测之词，但崇祯年间内帑不会太少当是事实。三是王世德说朱由检把宫中金银器物都输银作局化成锭块充作国用，"人所共见，空乏可知"。这不过是一句大话，要真是都知道内帑已尽，廷臣们也就不会"日请内帑"了。四是王世德驳了某些野史中记大顺军进京时"大内尚有积金十余库"，并不能证明赵士锦、杨士聪、张正声和康熙的说法不可信，因为他们也没有说明末内帑多达十余库。史惇引吴履中的话，"吾尝司计，请发内帑。上令近前密谕曰：内库无有矣。遂堕泪"，说明不了什么问题。崇祯皇帝声称自己没有钱是一贯的，问题在于真假，不能因为皇帝掉了几滴眼泪就轻易相信。雪垠同志为了解释大顺政权从北京运往西安的七千多万两银子的来源引了毛奇龄的一段话："其拷索银七千万，侯家十三，阉人十四，宫眷十二，估商十一；余宫中内帑、金银器具、以及鼎耳门环，钿丝装嵌，剔剥殆遍，不及十万。贼声言得自内帑，恶拷索名也。"按照这种说法，大顺军在宫中"剔剥殆遍"，所得"不及十万"，崇祯皇帝真成了"廉洁奉公"的典范；而且连百官追赃助饷所得也因为毛奇龄规定的份额已满，不值一提了。大顺政权在黄河流域对明朝官绅普遍实行追赃助饷是一项公开宣布的政策，起义农民相信自己这样做是完全正义的，毛奇龄说什么"恶拷索名"才声言得自内帑，显然是别有用心。在明内帑的问题上，如果真是把有关史料都摊出来加以甄别比较，雪垠同志所欣赏的"崇祯朝内帑空虚"未必是"事实"，他批判郭老"误信宫中藏银传说而轻易大发议论"至少是失之偏执。

　　至于雪垠同志作出的"常识"推理："倘若崇祯的库中有许多银子，他到不得已时断不会宁肯亡国和置一家一族的性命于不顾，不肯拿出库中银子。"我以为这是纯属主观臆断。在明末农民战争中藩王们守着银子一毛不拔最后身家俱灭的事例难道还少吗？崇祯十四年正月，李自成起义军进攻洛阳前夕，原任南京兵部尚书吕维祺见城内缺兵缺饷，上书福王朱常洵请他拿出钱财养兵，书中还以宜阳、永宁二城被起义军攻破引为鉴戒，说这两个城里的宗室官绅"悠悠忽忽，靠天度日，一筹不画，一钱不舍，一言不听，今虽噬脐，嗟何及矣"！㉑守城的官军士兵公开在路上破口大骂："王府金钱百万，厌粱肉，而令吾辈枵腹死贼乎？"㉒朱常洵依然无动于衷。没过几天，起义军破城而入，福王被活捉。李自成在审问时怒斥道："汝为亲王，富甲天下。当如此饥荒，不肯发分毫帑藏赈济百姓，汝奴才也！"下令打他四十大板，斩首示众㉓。崇祯十六年，张献忠起义军兵临武昌，在籍大学士贺逢圣和三司官员请求楚王朱华奎借给几十万两银子充作军饷，朱华奎却叫人搬出一张只有王爷才能坐的裹金交椅说："此可佐军，他无有！"㉔起义军入城，朱华奎被俘，"尽取宫中金银各百万，辇载数百车不尽"。张献忠也为之叹息道："有如此金钱不能设守，朱胡子真庸儿！"㉕同年十月，李自成部破潼关向西安进军，明陕西官员请求秦王朱存枢给参加守城的四川兵每人发一件棉衣御寒，朱存枢不肯答应。守军开门投降，秦王被活捉。崇祯十七年，大西军进军成都，四川地方官请求蜀王朱至澍出钱募兵，朱至澍却"惜财如命，向各官攒眉而言曰：孤本无蓄，止有承运殿一座，如可变，请先生卖以充饷"㉖。不久，大西军攻克成都，蜀王投井而死。这些例子都违反姚雪垠同志的常识推理，然而，毕竟是事实。恩格斯说得好："我们的玄想家可以随心所欲地兜圈子，他从大门扔出去的历史现实，又从窗户进来了。"㉗明亡前夕，那些皇亲国戚、勋贵太监以及文武百官们大抵都是这样贪婪鄙吝。史籍中"多藏厚亡""象惜其齿而焚身"之类的说法屡见不鲜。作为这个最反动、最腐朽的集团的代表，朱由检具有同样的"德性"，并没有什么超越情理之处。

　　雪垠同志在文章里虽然一再说自己尊敬郭老，可是就通篇文章来看却给人一种相反的感觉。郭老的错误是应该纠正的，但如果对一字之误都要声色俱厉地用一大段文字尽情驳斥，好像只有这样做才算"态度是严肃的"。这未必是正确的学术批评的态度。而且要都这么"严肃"起来，雪垠同志自己的文章也未必站得住。比如他说，"明朝的有名大将（总兵官一级）如贺珍、马科、白广恩、左光先、陈永福、官抚民等纷纷投降"。就我所知，贺珍是大顺军权将军田见秀的部下，崇祯十六年底田见秀奉李自成之命攻取汉中以后，即以贺珍、韩文两将留守该地，自己返回西安。雪垠同志却称之为"明朝的有名大将"，不知根据何在？他引用史料提到李栩与左衿王部起义军作战时，在左衿王三字后加括号注明"疑即左锦王"。革左五营中的贺锦因自己的名字左边为金字，所以起绰号为"左金王"。贺锦在明末农民战争中是相当重要的一位起义军首领，他的绰号一般是不应当弄错的。又如他说陈永福投降李自成后被封为桃源伯，其实是封为文水伯，桃源伯是白广恩。这类错误还有一些，都不值得计较，一时疏忽罢了。不过，姚文中批评郭老在《甲申三百年祭》的修订本中未能改正个别明显的错误，说"它也反映了郭老做学问的不够严肃认真的问题"。雪垠同志的评论文章在今年《新华文摘》第五期转载时据文末编者缀语是"经作者亲自校订，作了若干补充"的。可惜，上面指出的明显错误都没有订正。如果有人学着雪垠同志腔调说它也反映了作者"做学问的不够严肃认真"，雪垠同志不知作何感想？

总之，我认为姚雪垠同志对《甲申三百年祭》中涉及的史事提出商榷是应当欢迎的。但是，在他的文章中，苛于责人，暗于知己，缺乏实事求是的态度。这不仅对《甲申三百年祭》不可能作出公正的评价，更重要的是对于树立良好的学风也未必有益。

以上管见，不妥之处请雪垠同志和其他同志指正。

原载《中国史研究》一九八一年第四期

注释

①见一九八一年六月十八日《北京晚报》。
②列宁：《评经济浪漫主义》，引自《列宁全集》一九五九年中文版第二卷，第一

五〇页。

③《历史研究》一九五六年第六期。

④民国《米脂县志》卷十轶事志，附拾遗。

⑤《清世祖实录》卷二五。

⑥载《中国史研究》一九七九年第二期。

⑦见重版《李自成》第一卷第七二页所加的注。

⑧《崇祯长编》卷六二。

⑨《崇祯存实疏钞》卷七下。

⑩《绥寇纪略》卷五载明兵科给事中常自裕的奏疏说："贼渠九十人，闯王为最强。"卢象升在崇祯八年的奏疏中也说："闯王又第一称强，"见《卢忠肃公集》卷四。

⑪载《北京师范大学学报》一九七八年第四期。

⑫《河南师大学报》发表了智夫成同志的一篇文章，赞同姚雪垠同志的十一月入豫说，并以郑廉《豫变纪略》的一条记载作为根据。智文中提出拙稿所引顺治《邓州志》和康熙《内乡县志》关于崇祯十三年七月李自成起义军同明保定总督杨文岳部作战于河南邓县湍河附近的记载，原文有可能是把十四年误记为十三年，这是值得欢迎的，需要再作进一步的查考。但是，拙稿接着还引用了《内乡县志》"（十三年）十月二十二日，逆贼李自成潜率五百骑攻内乡县东北薛家寨（小字：天宁寨）。守严不克。二十七日退去"的记载。对此，智夫成同志却视而不见。又当时河南巡抚李仙风手下游击将军高谦在所著《中州战略》中，载崇祯十三年"仲冬（十一月）上旬"接巡抚李仙风谕帖说："近据宝丰、鲁山塘报，皆云闯寇哨马四出，老营不动……"考虑到谕帖送抵高谦（当时统兵在外）手中所必需的时间，塘报当在十月间发出。何况李自成入豫后还在嵩县、卢氏一带的熊耳山中进行了休整，此点读康熙《嵩县志》卷十可知。因此，智夫成为姚雪垠辩护所举的唯一根据，是站不住脚的。

⑬上海《文艺论丛》第六辑第三四六页。

⑭《北京师范大学学报》一九七九年第二期。

⑮载《中国农民战争史论丛》第三辑。

⑯康熙十七年《河间府志》卷十四《人物》。

⑰张正声：《二素纪事》。

⑱《清圣祖实录》卷二五五。

⑲康熙四十二年四月，"谕大学士等，朕自冲龄即每事好问。明时之太监，朕皆及见之。所以彼时之事，朕知之甚悉"。见《清圣祖实录》。

⑳赵翼：《廿二史札记》卷三五。

㉑吕维祺：《明德先生文集》卷十五《上福藩启》。

㉒赵吉士：《寄园寄所寄》卷九。

㉓徐树丕：《识小录》卷二。

㉔《绥寇纪略》卷一〇。

㉕《平寇志》卷六。

㉖《纪事略》，见中华书局一九五九年《甲申纪事》本。

㉗《反杜林论》，引自《马克思恩格斯选集》第三卷，第二一二页。